現代哲學 4

心物能一元的科學哲學

張立德 著

LITERARY TIMES
博客思出版社

#目錄

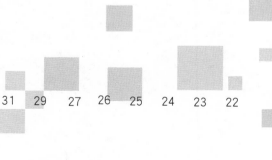

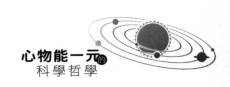

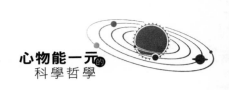

自序
記述一段漫長而又漸進的醒悟過程

用了將近一年的時間，寫成這本《心物能一元的科學哲學》，心中有些想法在此也略為表述。在未寫本書前，從未想到西洋哲學一直被亞里斯多德所限縮。我們不能評論亞氏的觀點全無道理；如果不是亞里斯多德的明確區分，把不可思議、難以言說的「絕對」，劃出希臘哲學的研究範圍之外；把精力全都用在可以思考、可以用觀感評斷及判別的實質物體，以及與這些實物有關的思想；人類也許會多花費很多時間在玄學上。在人類的科學思想還沒有清楚認知物質、能量的真相，找到波粒二象性及光速為「絕對」運動之前；一般人用在思考宇宙人生真實本象的所有努力，都是白費力氣；陷入玄之又玄、無以分辨其真偽及迴旋於若有若無之間，而根本迷失、難以出脫。

在量子力學及狹義相對論出現於世之後，如果世人仍然沉迷在亞里斯多德的框限之內，不思超越，那就有點像那個大象的故事；大象被鐵鍊圈限久了，即使放開了鍊子，大象仍然自動在鐵鍊限縮的範圍內活動。人類的思想，近數十年確實有點像這個故事，人們習慣於不去思考超越亞氏第一原理之外的東西，因為那已超越基本邏輯，違反人類思想法則及行之千餘年的慣例。絕大多數的科學家及科學哲學家，皆謹慎地遵守著這一規範，不肯也沒有能力越出這一限制。而且十分堅決地相信，即使有意越出此一框限，也沒什麼可以著力之處，「絕對」本來就不可思議，對不可思議的東西，又有什麼可以思考、議論乃至出力的地方。

還有一個更大、更艱難的、更難以克服的難關擋在前面；那就是只知道意識極為重要，是一切靈性及生命的基礎，但不知道意識是怎麼產生的。只能假想意識是由物質進化而生的。找不到、想不出、跳不開意識的陷阱，就永遠也找不到真心，找不到真正的心靈起始點。找不到真心、找不到意識的源頭，那要從何覓取正確認知意識及找到真心實相。

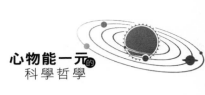

四十多年前，本人對哲學及佛學所知皆十分有限，只是聽人說要找到真實心，才能如禪宗所說的開悟。凡是略為了知佛法的人，都知道禪宗開悟是極其了不得的大事，誰會不想一探究竟呢？個人雖對佛法沒什麼概念，但是聽說禪宗各代祖師都是悟明真心實相的大成就者，心嚮往之；自己也不免會思考靜慮，這真心到底是個什麼樣？就這樣常常靜靜的思慮，但也只能維持幾分鐘，因為實在是想不出個什麼名堂。雖然毫無成果，但也從不曾完全放棄，在世事實務做的差不多了，就會靜下來想想「什麼是真心？」；也不知道這樣過了多少歲月，有一天突然一念相應，心中猛然在毫無思考的狀態下，出現了這麼一個念頭，「真心就是整體心」。這個念頭也只是一閃而過，但自己心裡有個非常清醒的覺知，真心就是整體心，這一概念十分重要，也許是我這麼多年百思而不得解的難題答案。沒錯，就是這樣想的，也就此一把抓住這答案不放。

五十多年前，我的國學及佛學的恩師王夢古先生，在王老師晚年，曾對我們幾個同學說，未來的人類思潮，必然會走向科學、哲學、宗教（佛法）合一的境地。你們年紀輕，又是學化學工程的，應該把精神放在用近代科學結合哲學及宗教於一體，為人類的未來思想作一些貢獻。

我聽了王老師的話，就一直在業餘之暇，閱讀近代物理學的相關書籍，對相對論及量子力學的基本概念並不陌生。當我有了「真心就是整體心」這一了悟之後，就試著把近代物理的概念與之結合；又經過了好幾年的思考，覺得有些道理，值得將所知寫下來；再經過一段時間寫作，終於在民國七十六年（一九八七年）出版了《心物能一元論》一書。這本書賣的情況不錯，加印了四刷。

書雖然寫了，但對整體真心的內情，其實所知甚少，要想增上進步並不容易，世間並沒有類似可供參考的概念；雖然知道心物能一元論似乎與佛法相通，但如何相通？通在何處？並不知道。自己看佛經，又看不太懂，一知半解全沒個著落處。即使是在這樣的困頓中，對整體真心的進一步了解這一想法，從未放棄也未鬆懈。到了二十一世紀初，想到也許應該將自己對整體真心這多年來的新的領悟，寫成書公諸於世。但要如何寫呢？所知實在有限，寫也寫不了多少；左思右想，終於決定將心物能一元論重新改寫，保留原書框架，去蕪存菁，再加上新的見解，終於寫成一書；並取了個頗為時髦的名字《當哲學遇上近代物理學》在二〇一〇年十一月初版問世。又在上海於二〇一一年七月出版簡體本。

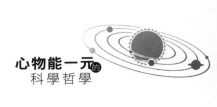

一九九九年時，已滿六十，達退休年限，公司以續聘的方式，派我往上海工作，一轉眼又是十多年；這期間在台駐留的時間較短，對台灣的各方面接觸也比較少。很幸運的是在二〇〇七年初回台開會時，偶然間在台北書店看到一位大善知識，帶領多位善知識寫了數十本書，都是宣揚佛陀菩提正法，以八識如來藏為中心；破解許多佛法迷團，讀之讚嘆不已。《當哲學遇上近代物理學》書中，已經間接引用大善知識的許多法義，來融通佛法與心物能一元論。

二〇一二年間，自己的書已寫好並出版，大善知識的書也看了不少；瞭解到對般若實相僅只是理論上的了解是不夠的，一定要找到真心如來藏身在何處？如何運作？必須親身體驗才行。那要如何體驗？就參考大善知識在禪修時的各項指示，例如吃…水…果，要認真專心洗碗；使我聯想到古代禪師常常提醒弟子，要照顧足下；如此這般的思維下去，終於心中開朗，原來如此。怪不得禪師不輕易告訴弟子，而要弟子去悟；原來提早告訴他，有可能是害了他。

用上述非正規的山寨版方式修學，是不足為法、不足為訓的！正規修佛者還是應該循正統的禪修方式為宜。本人之所以在此把個人的經驗公開敘述，是考慮到很多善士有意進修，卻因種種原因，難以親近正統正規的修行團體；在不得已的情況下，不得不選取自我修學的途徑。本處所言，可以當作自修的參考；若循本書所說而行，切記本人於本書末所說的警語，不可違反。如果明知而故犯，那就是私我心重，以名利為上；只此一端，便將自己由因子的修行降

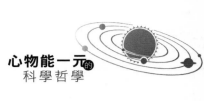

階為元神的修為，終不能出欲界，得不償失，十分可惜。

出版《當哲學遇上近代物理學》後，又過了幾年兩地奔波的日子，身體狀況漸走下坡，乃於二〇一五年正式提出退休辭呈，並蒙同意，自此才邁入完全退休的生活；用了一年多的時間放鬆心情全力休養，身體狀況漸為好轉。這期間也讀了不少佛學與科學書刊，看了一些當代歐美心理、神經、靈性大師們所寫的著作；發現所有的科學研究者，幾乎全都仍然浸沉在意識領域，完全在前六識中迴旋，無一人能夠真正跳脫意識的陷阱；並且深受意識概念的束縛，在意識變化的多種境界中打轉。

全球也許有數億名義上的佛教徒，但真正依佛陀八識如來藏，以悟明真如自性為修行目標的正規佛教徒，其數可能不多。這些名義上的佛教徒，再加上其他宗教的信徒，信奉物質科學的專家學者及一般人；要想真正了解宇宙人生的真相，除了參與或閱讀正規的菩提正覺書刊和法會；閱讀本人所寫的這本《心物能一元的科學哲學》和《當哲學遇上近代物理學》這二本書，也是一個不錯的選擇。至少可以從不同的角度來認知和瞭解這一奧妙難解、超越一般常理的宇宙人生真相。

讀者如果有緣閱讀本書，且莫等閒放過，建議多讀幾遍，對於本書中幾個重要章節，例如Q25、26、27、28、29、30、33、43、44、50、51，更是要一讀再讀，使書中文字成為自己的思想觀念。這時只要放下自我，不以這個虛妄的意識我為真實常在；說不定就可以在輕鬆無礙的狀態下，找到永恆常在的真我、無形無相沒有我的真我；並且現觀這真我的運作，如觀手中掌紋般的清楚明晰，毫無隱晦可言。

這本書之得以寫成，首先要感謝我的內人張劉千英女士，有她的陪伴，打理生活一切，在要緊處給我最好的建議與忠告；使我的成長、學習、修行及寫作過程都能順暢無阻。其次要謝謝長子邑丞，本書的打字、整理、編排都是我兒一手完成，並對書中文字提出建議。此外，我要特別感謝王師母周梅緣女士，同門師兄蕭民元先生及黃品珍先生，在我寫作此書時，所給予的幫助及指教。

附記一：當今諸大宗教，雖然各教所崇拜的教主各不相同；在這些不同的人格化教主的背後，理論上的最終、最崇高的真正崇拜對像，已經被各個宗教不約而同的化約為，就是那個：本有、自有、永有，本在、自在、永在的永恆存在，無形無相、難以形容的那個本源。佛教則在本有、自有、永有之外，還加上遍有；本在、自在、永在之外，還加上遍在。如從心物能一元的科學哲學來看，那個自有、本有、永有、遍有的是什麼？讀者讀畢本書應當已經了然於心。

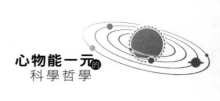

附記二：書中多次說到「有我，無我」；為恐讀者不明無我的含義，特在此再加說明。所謂的無我，就是不以這個隨時會斷滅的意識心為我；意識心是暫時的、虛妄的，隨時會中斷、會消滅的存在，沒有永久性、恆常性；依賴這個不可靠的意識修行，終究是不牢靠的。我們應當找到那個可長可久、可以永恆存在的真心，並依從這個真實心修行，才是正確的修行方式。讓意識心得以存在的這個肉體，以及這個不可靠的意識心，我們還是要珍惜、維護、保養，使之保持健康，發揮正常功能；因為肉體及眼耳意識等六識是我們藉以修行的工具，欲善其事，必利其器；沒有了身體及前六識，也就完全沒有修行可言，不能再增長及豐富自己生命的內容。

附記三：二〇一五年五月在北京大學演講的記錄，有許多可以補強本書不足之處，特此附錄於全書之後。

附記四，近日應全球共生論壇二〇一七年刊主編錢宏先生之邀，寫成「共生共榮的根源在心物能一元」，此文內容與本書息息相關，特附錄於本書為附錄二。

附記五，寫成附錄三：心物能一元的科學哲學與哲學、科學、宗教、佛法對照表一頁，附於書末。

心物能一元的科學哲學

本書採用問與答的方式，以最精簡的文字，說明最深奧，最根本的哲學問題，節省讀者的時間與精力，用最少的付出獲得最多的資訊。

一、什麼是哲學？

有人説哲學是以一切研究一切，哲學是一門無所不包的學問。天文地理、宇宙如何形成？生命的源由？我為何是我？都是哲學研究的對象。知識的累積及研究方法的改進，物理、化學、生物各種各樣的學門各自獨立，脱離哲學而自立門戶。但有一類問題永遠為哲學所專有，例如，人與宇宙萬物為何會產生？是如何生起？最終的原因為何？近代物理學也在試圖解答這些問題，但欠缺了一項最根本的基礎而難以成功。物理學只研究物質和能量，未涉及心，沒有心，上述的問題永遠找不到完整的答案。

二、什麼是科學？

科學是講求實證的學問，一個理論在未得到證實之前，只被認作是一項假說。物質有非常穩固且長久不變的物性，科學研究一旦找到物質的某一性質，就可恆常不變的運用，不必擔心結果變異。能量也是一樣，找到與某一類物質的互動關係，也就可以恆久運用，不虞生變。物質與能量是物質科學的研究對象，但宇宙人生最重要的三要素—物質、能量之外的心靈，雖有眾多的學者試圖以科學的方式加以研究，但由於未曾找到心靈的真相而步入歧途，只能在外圍撥弄著心靈的假象。

三、心靈為何不被科學接納？

科學極為重視心靈，也一直想要縝密而又徹底的研究心靈。但至今始終未能成功，其原因有三。

一是認為心靈是由物質進化而來，這是十分錯誤的認知，也有許多科學家不認同。

二是找不到真正的心靈，找不到真心，只在靈性、意識乃至靈魂之類的認知上打轉，不知道心靈的根源，不知道根本真心是什麼。

三是心靈多變，可在一瞬間、一轉念裡，從黑到白、由邪轉正，自南到北，瞬息萬變，沒有定軌，也就是找不到像物質那樣的規律性、不變易性。

用研究物質的方法，研究心靈是行不通的。必須作出極大的改變，但也只能找到近似值，找不到像物質定律那樣的不變性、準確性。

四、什麼是正確的科學哲學？

大多數人都知道物質不可能進化出靈性或心靈，但又不知道靈性的根源為何？不知道靈性是如何誕生的？就只能將錯就錯的認同靈性是由物質進化而來。找不到靈性的根源，不能明確認識根本真心，就不會有正確而又完整的科學哲學。今天，物質科學因為近代物理學的進展，已將宇宙誕生及演化的基本原理原則，研究到相當清楚的程度，科學哲學卻因為不知道也找不到真正且正確的真心，而掉入泥淖中掙扎。

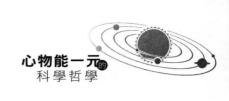

五、為什麼當前的科學哲學會掉入泥淖、不能自拔？

不僅是因為找不到真心，也是因為西洋哲學的自我限縮而無法突破。早在亞里斯多德時代，就為哲學畫下一道無可逾越的分界線。亞里斯多德認為「無不能生有，一切有必然生於有，生於最精微、最原始的有」。至於這個最精微、最原始的有是何相狀，則難以言說，但一定是在相對的世間中，不必考慮「絕對」。因為「絕對」是超越靈性認知能力之外的，生存於相對世界的人類，對「絕對」無以想像、無法認知、不可思議。「絕對」因而成為西洋哲學認知與探討的極限之外，「絕對」不在西洋哲學的範疇內，不是不欲探討，而是根本無從探討。西洋哲學因此自我設限，深溺於相對世界，無以自拔。

六、東方哲學又如何？有沒有自我設限？

在中國，老子說「無生有」，說「道法自然」。但是對於「無」與「自然」，只有含糊籠統的概念，未說清楚其中的內涵與真實義理。儒家孔子則說，「誠者自成，不誠無物，誠者天之道」。把「誠」從一般世間所說的真實無欺、表裡如一，上推到宇宙間萬事萬物的根源、生命與靈性的本源。但孔子也只講了這些，對那萬事萬物本源的「絕對」，並不曾多所著墨。「絕對」本來就超出語言，凡有言說皆不正確。中國哲學沒有自我設限，但對本不可說的也難多說。

在印度則不然，根據佛經記載，釋迦牟尼佛曾經三轉法輪，其第二階段的般若期，就是對本不可說的「絕對」廣為言說、種種譬喻，為使人知，費盡唇舌。佛陀第三轉法輪則為唯識，是站在般若之上，使已因聽聞般若而證解諸法實相、了知「絕對」是本來清淨的廣大徒眾，進一步增上修證，將般若「絕對」，由聞解初證而更為深入，成為高階的大菩薩。佛陀也知道，「絕對」本不可說，即使說也不能真實道出，故佛說「我一生實未說一句法」。

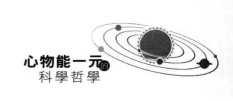

總之，東方中印兩國並未自我設限，但對於「絕對」的了悟與實證，在程度上卻有極大的差別。

七、當今的科學哲學的實況如何？

大物理學家也是科學哲學家的史蒂芬・霍金先生，在他前幾年（二〇一〇年）出版的《大設計》一書中，表明他對科學哲學的態度，現摘錄二段如下：

霍金書中寫道（原書p200），「像恆星或黑洞的物體無法無中生有。不過，一整個宇宙可以無中生有。……在宇宙尺度上，物質的正能量會與重力的負能量平衡，因此整個宇宙的創生並沒有限制。……自發創造正是為何宇宙存在、為何我們存在，以及為何萬事萬物存在而非空無一物的理由，完全不需要祈求上帝指引、啟動一切，讓宇宙運轉。」

顯然，這一段話裡，霍金先生已經印證了老子「無生有」，並且把「無如何生有」以及「為什麼無可以生有」的道理，說的相當清楚。

霍金先生在書中的另一段話也很有意思（原書p180—185），霍金表示，我們生存的宇宙在經過百億年漫長的穩定成長與演進，有了太陽系及地球的存在，地球又經過數十億年的演進變化，形成了適合人類生存的自然環境。在這整個變化的過程裡，有著數以百計的物理定律與常數，只要在數值上有微小的變異，便無法形成今天我們得以存在的環境。

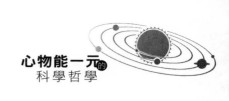

霍金寫道，「法則上的幸運不容易解釋，具有更深奧的物理與哲學涵義。這個宇宙和物理法則，似乎是為了支持人類存在而量身打造的設計，如果我們要存在，絲毫沒有改變的空間。這真的不容易解釋，也讓人很自然地想問為何會如此？」

為何如此，是有上帝在作此一偉大設計？然而霍金先生已經在《大設計》書中否定了上帝。那是誰完成了這一設計？

八、是誰完成了這一偉大的設計？

近代物理學已經為「無中生有」開啟了大門，自發創造是我們宇宙得以創生的原因，無可以生有，已經打破了亞里斯多德「無不能生有」的限制。但是，宇宙為何能夠生的如此精妙、如此細緻精確，營造出如此長久、優美且穩定的自然環境，讓眾多的物種與人類得以生存。這個優美精細的環境得來不易，是數以百計的、非常精確條件的組成品，任何一個環節、一個常數稍有變動，便可能完全毀於一旦。一個出於正負能量平衡而創生的宇宙，又如何能夠知道在億億億萬種的可能性裡，揀選出這些非常精確、恰到好處的常數與物理定律，組建成功我們這個多采多姿、美麗超群的宇宙、太陽系、地球。

科學家由於說不出這一偉大的設計來自何方，也為了不願再走上那個千餘年來一直襲用的陳腐答案——上帝；科學家只好用或然率，用在百千萬億個可能中，碰巧有了這樣的一個完整組合，成就了我們的宇宙、太陽系、地球。霍金在《大設計》書中提到多元宇宙理論，也就是宇宙不只一個，而是有非常非常多的宇宙；多到什麼程度？根據量子力學及弦理論，也許有10的五百次方個宇宙，也就是在10之後再加上五百個0那麼多的宇宙；這顯然是在不能完整說明宇宙為何如此創生，所作的一個不得已的選擇。是誰完成了此一偉大的設計，將在本書後段為讀者作一完整說明。

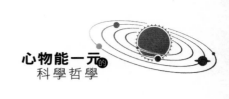

九、當今科學哲學的瓶頸與限制是什麼？

亞里斯多德說「絕對」是不可思議、思想不可到達、意識所不能理解的東西，故而「絕對」不在其研究討論範圍之內。亞里斯多德把「絕對」封殺在他的哲學之外，西洋哲學家、科學家、物理學家、科學哲學家等，都一直在有意識的與無意識的把這一理念奉為聖旨，從未想到要跳出這一桎梏，看看外面的風光。

自從近代物理學的相對論及量子力學問世之後，早已把這個劃地自限的牢獄打破，由於習慣成自然，竟然沒有人願意從容地走入這一已不成為圈限的禁地。禁地的風光，現下暫不說明，讓我們先從宇宙大爆炸談起。

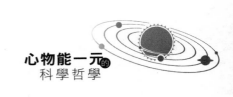

十、什麼是宇宙大爆炸？

一九八三年，美國有位物理學兼宇宙學家維蘭金，發表了一篇震驚物理與天文學界的論文，稱之為〈從四無中生出的宇宙大爆炸之宇宙發生論〉。論文初出，大家都不看好，評議之聲層出不窮。論文的內容主要是說，宇宙是從無生出，在極短的時間作了極為快速的膨脹，如同大爆炸般，一下子爆了開來，宇宙就從無到有。所謂的「四無」是指「無時間、無空間、無物質以及無能量」，也就是什麼都沒有。在大爆炸之前，連空間和時間都不存在。這遠遠超出於我們可以想像的範圍，物理學家們都難以接受。沒有物質、沒有能量還可以想像，可以想像在一個完全空曠的地方，什麼東西都沒有。但是沒有時間、沒有空間就難以想像，乃至不可想像。正如亞里斯多德所說，不可思議、非意識想像所可到達。也許，維蘭金認為宇宙是從不可思議、無以想像的「絕對」中出生。

十一、什麼是「相對」？什麼是「絕對」？

「相對」，簡單講就是有形象可以做比較、可以相互比對。例如，我身高一百七十公分，你是一百七十五公分，你比我高五公分。你體重七十公斤，我六十五公斤，我比你輕五公斤。有量有質皆可對比，「相對」就是相互可以比較、比對。有形相一定是在有時空的狀態，有質量則一定是有數量可資對比。有了時空、有了數量，則一定是在有境有界的現實相對世界。

那麼，什麼是「絕對」？「絕」可以說是謝絕，「對」是對比。「絕對」即是謝絕對比，也就是沒有任何可以相互對比的狀態。如何是沒有對比的狀態？就是沒有時空、沒有境界、沒有質量、沒有數量，沒有一切可以對比的東西存在。「絕對」就是無形無相、無質無量、無時間無空間、無物質無能量的狀態；甚至連狀態也用不上，是個狀態也無、什麼都無。那是不是說「絕對」

就是沒有任何內容。好像又不是，「絕對」沒有相對的一切，但「絕對」仍有其「絕對」自有的內涵。「絕對」是一高深難解的東西，不易用言語文字說明。此所以有勞佛陀講述極多，就是要把這難思難解的「絕對」（涅槃）解說清楚。兩千五百年前，佛陀要解說這個宇宙真實本相，真是困難重重，一句話，難言哉！然而為了解救沉迷在相對境界的芸芸眾生，佛陀真是費盡苦心呀！

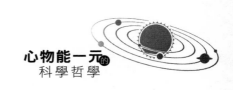

十二、難以言說、乃至不可思議言說的「『絕對』（涅槃）」真的存在嗎？

自從進入二十世紀，愛因斯坦的相對論以及接續而起的量子力學，其中許多精美細微之處，已經隱隱約約的把最難理解、不可言說的「絕對」，作了許多說明，只是世人尚未認知清楚而已。二十世紀中葉以後，相對論與量子力學都已發展成熟；時至今日，即使是四無的大爆炸學說，也已出現世間三十餘年，為何世人仍然極少注意並認知到，「絕對」已經不再是難以理解的東西。究其原因，不外仍是，一、亞里斯多德的限制，世人仍認為「絕對」是不可理解的；二、不知真心為何物，一直以為靈性、心靈、意識是由物質進化、演變而產生。尤其是第二點，有一大批知名的學者堅持認定意識是由物質演化而來，不聽也不接受任何與之不同的見解，其原因是在於至今沒有真正足以令人信服的說法，說明心靈是如何產生的。

「絕對」在狹義相對論裡已經明白昭示其存在，「絕對」本來就在，而且普遍存在於世界每一角落，只是大家都視而不見、聽而不聞而已。愛因斯坦在一百多年前，在狹義相對論裡就已經講的十分清楚且肯定，世間一切都是相對的存在，只有光速是「絕對」的。光存在於世間每一點、每一角落，有光之處就有「絕對」；「絕對」存在於世間每一處、每一事物，故而「絕對」不僅真實存在，而且普遍存在於世間萬事萬物，與世間萬事萬物共存。

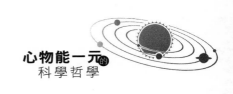

十三、為何光就是「絕對」？

相對論只說光在真空的速度是「絕對」、是定值。這百餘年，大家只看到光速就是一切速度的上限，光速是「絕對」，沒有任何其他東西可以移動的比光速更快，至多與光速相等。所有的人都只知道光速是速度的極限，光速是「絕對」值，都只看到光是極小的微粒，是所謂的光量子，而忽略一件極為重要的事實：光量子、光子是極小也是極大。光子是極小是人盡皆知的事，除了筆者之外，沒有人注意到光子、光量子也是極大、無限大。再說一遍，光子是極小也是極大。說的更精確些，光是「絕對」，所以光沒有大與小的對比，是極小也是極大。

依照狹義相對論，光速行進時，外界的時間空間都完全改變，時間停頓而空間縮減為零，化為烏有。也就是光的世界是一沒有時間、沒有空間的境界，也就是一個「沒有境界」的境界。不僅是沒有空間、時間，在光存在的無境界中，光也沒有質量和能量，光沒有靜止質量，這是人盡皆知的。光在極速運動，光豈可無能量？根據狹義相對論，有動能就有相對的質量，光豈可無能量也無質量？

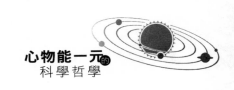

十四、在光的世界裡，光為何是無質量、無能量的存在？

在光的世界裡，光存在於沒有時間、沒有空間的狀態。沒有空間與時間，也就等於是沒有運動。光在光的世界（境界）是沒有運動的，也就是光是不動的。光在光自己所在的境界是不動的，但又是極動的。光不能不動，光永遠以光速在運動。也就是說，光是非動非靜的，是動而不動、是不動而動，動即是靜、靜即是動。這完全不合邏輯，不合相對世界的道理，完全和亞里斯多德的第一原理相悖。「絕對」有「絕對」的道理，「絕對」是和「相對」完全不同的存在。如果用相對世界的邏輯去框限「絕對」，那是完全不正確的謬誤想法。想要了解「絕對」，最好的辦法是了解光。到目前為止，我們唯一確定的是光存在於「絕對」。

十五、什麼是光的境界？

這世間除了光和電磁波是以光速在運動，可以進入光的境界，應該更為精確地說，住在光的境界（光自住境界）；除了光之外還有以光速運動的微中子，其他就沒有任何物質或低階的能量，可以進入光的境界。在光的境界一切都是等速運動，所有的運動速度都是光速（c），速度一旦有少許偏離，就落入次光速世間而脫離了光自住境界。光是無靜止質量的純動能，必須永遠以光速運動。在光的自住境界裡，每一存在都是光速運動，存在於沒有空間、時間及靜止質量的狀態。換句話說，光的境界就是無境界的境界、一個無時空的境界，根本就是個沒有境界的境界。而每一存在於其間的光量子，都在以等速（光速）運動於沒有時空的境界裡。也就是說，在光的境界裡，一切存在都是動而無動、無動而動，動而不動、不動而動，也就是變而不變、不變而變。再推而廣之，不生而生、生而不生，不生就不滅，不生不滅、不垢不淨。凡一切用於相對性的比較言詞，都不能用在光自住境界上，光自住境界就是一個不生不死的「絕對」境界。

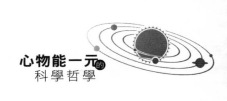

十六、什麼是每一光子的真實狀態？

每一光子都是一個波粒二象粒子，同時具有波動與粒子的雙重性向；每一個光子皆存在於沒有空間的「絕對」。因為沒有空間，每一光子是實際充滿其所存在的狀態。光子是極小的粒子，小到其小無內；但光子也是極大的粒子，是極大無外，充滿於它所存在的狀態。光子同時又是永恆長存的東西，因為它存在於沒有時間的狀態；沒有時間就沒有壽命長短的問題，光在自住境界，光是壽命無量、永恆長存的存在體。

也許有人會說，光明明只有很短的壽命，光從太陽射到地球只需八分半鐘，不論是射到樹葉上還是泥土中，原來的光子已不存在，怎可說光是壽命無量、永恆長存的東西。這就是二元相對世間，有時間、有壽命的環境和無時間、無空間的「絕對」完全不同的情景，二者不可比較之處；在無可比較之處，仍有可對照的地方，會在後文作詳細探討。

十七、什麼是光子的個體與全體？

光子具波粒二象性，也就集波動與粒子二種實質狀態於一身。波動性留待以後再談，先談光子的粒子特性。粒子是一有限的存在，其動能集中於一點；愛因斯坦根據此一事實，而申張出光電效應原理，並因而獲得諾貝爾獎。所謂粒子，就是一個集中於一處的存在，是一個有限的、有範圍的存在。超出其範圍、超出其集中點之外，即是此粒子之外的存在；粒子與粒子之外的整體，形成粒子與整體的相對存在，這是相對二元現象世界的真實相狀。但在光子的「絕對」狀態又如何？光子的個體和個體之外的整體，在光自住境界、在「絕對」境界，由於沒有空間而合一，個別粒子等同於無垠的整體。整體就是粒子，粒子就是整體，二者合一，二者是一不是二，是零是一不是二。是二就是相對狀態，「絕對」只有一或零。

雖說光子的個體與整體是一不是二，但這個「一」，存在於「絕對」和存在於「相對」的「一」是不一樣的；「絕對」沒有數也沒有量，「一」只是一個虛量、虛數的存在，是如同$\sqrt{-1}=i$的一個虛的存在，是一個不存在的存在。光子仍有其個體與涵容一切的整體，存在於不存在的虛的存在之中；這一點極其重要，絕不可忽略。千百年來，哲學界無人注意及此，即使是探求至最為接近「絕對」的現象學創始鼻祖，也只到「絕對」邊沿就無功而返。因為在他創建現象學的時代，量子力學還在啟蒙時期，胡塞爾大師只能用數學作為工具，而數學的界限在相對世界的頂端，無從突破「相對」進入「絕對」。而真正的根源，萬物、萬象、萬靈的根本在「絕對」，在無數、無量的「絕對」；即使運用相對世界最強大的數學來論證，也難以突破及穿越此一斷崖。

十八、什麼是個體與整體合一？

每個光子都是一顆粒子，也是一個個體；無窮數量的光子就有無量、無邊、無數的個體；每個個體在二元相對世界，就有專屬於它的整體。無數的個體都有各自專屬的整體，這些數量千萬、億萬的個體，又會整合而成一個較大型的個體；而這個大型個體，也必然有專屬於它的整體。例如：億萬個原子結合構成一個細胞是如此，億億萬萬個細胞又分工合作架構成一個人的肉身也是如此。人肉身所專屬的整體，是肉身之外所有的空間及空間內所存在一切物質，都與此一肉身有了專屬的相互關係。

以上是講在相對世界的狀況，但在「絕對」，那就完全不一樣了。「絕對」沒有空間，「絕對」中所存在的個體——光子，它的個體就是整體，二者是合一不可分割的；因為「絕對」沒有空間，「絕對」中的整體就是個體。不僅每一個光子的個體與其整體合一，無量、無邊、無數的光子，皆是個體與整體合一；而且「絕對」中無量的光子所合一的整體，也與無量光子合一，不分彼此，也無從、無能力分彼此。那是否在說，光子與光子的整體是合而為一的，是共有的一個整體呢？又非如此，各個光子有其自有的個體與整體。

由於「絕對」中的存在體——光子，它自身的個體與自身的整體合一、難以區分；導致在二元現象界中的觀察者，不僅用肉眼看不分明，即使是用意識冥思也捉摸不到；這使得未經藉助量子力量的所有哲學觀察者，都看不到這一點，因而一直認為在超越現象的「絕對」沒有整體存在；在現象界也就看不清整體的真實意義，無法認清真心就是整體心。只知道，透過觀察研究，這個二元相對世界，處處都有整體的痕跡，沒有一處不出現整體的效果，四面八方都有整體的顯現。於是只好倒因為果，說這一切都會趨向於整體，整體是種種變化的成果，而不知整體是因，是整體、整體心、整體性創造出這一切。

在「絕對」，無量、無數的個體——光子，最終都合一為共有一個整體。

但這一整體，並不是每一光子可共享，每一光子各有其自有的整體，也只能享有其自有的整體所成就的內涵。上文曾說到，億萬個原子結合成一個細胞，這個細胞所具有的生命力及反應能力，也只有細胞核內的少數電子、原子可以參與，而非細胞內的每一原子都具有此能力。擴而大之，億億萬萬細胞組合架構成人的肉身，人的一切感受、苦樂悲歡，也只有相對少數的細胞可以感知，而非全體細胞共同一致的相同感受。再擴而大之，民主國家選出總統及上層管理者，其軍國大權也只為這少數人所享有，並非全體人民所同享。

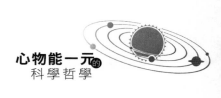

這說明一件事，在「絕對」中的個體共同組成為一大整體，也有類似的架構與顯現。每個光子只能與其獨享的個體及整體完全互通；那個無量、無數光子所形構的大光子整體，只有能夠涵容一切光子的少數光子可以全享。

講到這裡，特別要說明的是，光子只是「能」與「物」的一種表現，其個體與整體的關係已有此種分野，如說到代表整體真心的存在體靈子，那就更加明顯的涇渭分明。這也就是說，整體真心的內含，各個自有差別，非一體相同，但各個靈子皆有可達到終極平等成就的潛在機會。這種種的不同狀態又是完全沒有差異，不可用此靈子不同於彼靈子來作比較；在「絕對」沒有可比較性，一即無量，無量即一；無量無邊的靈子即是同一靈子，同一靈子又是無量無邊的靈子。變而不變、不變而變，沒有差別，又非無差異，「絕對」永遠是非一非異。

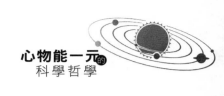

十九、什麼是「絕對」的動、「絕對」的靜、和「絕對」的非動非靜？

在相對二元世界，沒有「絕對」的靜止與「絕對」的運動。除了光速運動之外，相對世界只有相對的動與靜。但在「絕對」則完全不一樣，「絕對」只有「絕對」運動，也就是「絕對」只有純動。大家都很容易有這樣的誤解，「絕對」只有光速運動，怎麼可能會有「絕對」的靜，也就是純靜的存在。

有一個狀態很多人沒有注意到，那就是眾多的個體，如果都以相同樣的速度運動，到底是動還是非動？在二元相對的世界，如果大家坐在車上完全不走動，乘客與乘客之間是靜止不動呢？還是相互運動？相信所有人都知道，車上乘客與乘客之間，是相互靜止的。雖然車子本身在高速運動，而讓車外的人認為車上乘客在運動，這是最簡單又單純的相對運動的例子。

在光速運動的「絕對」也一樣有此類同狀態。從動的一面看，所有的粒子都在作光速運動，是乃純動。反之，就光子與光子同以等速運動而言，則等同無動，是即純靜。在「絕對」的純動與純靜狀態，因為是沒有時間及空間，根本沒有動與靜的分別，故而也是非動非靜。在光的「絕對」狀態，是純靜、純動、非動非靜的綜合狀態，是三種狀態的完整結果態。說「絕對」是純動也對，說「絕對」是純靜也行，說「絕對」是非動非靜也正確。

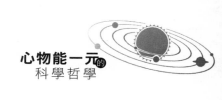

二十、什麼是「絕對」的真正內涵？

一直說光、光量子、光速是「絕對」的內存者，也就是說「絕對」的內容就是光，只有光存在於「絕對」之內，是這樣嗎？非常正確，就目前所知，「絕對」內只有光是唯一的存在。但這不等於說，只有光這一樣東西，可以存在於「絕對」之中。

實際上，光這一個存在，就自然本然的有了三種存在；而這三種存在，都是由於量子力學的發現而成就。量子力學說，波、粒是一切存在的事物之基本狀態，小自光子、微中子、電子、質子，大到月亮、地球、太陽及一切恆星，乃至銀河系星雲，通通都由波動與粒子，所謂的波、粒二象性所形成。此外還有一個整體，一個與個別粒子同在的整體，也與波動和粒子一同存在。整體是自然、本然、必然的存在，有了個別粒子存在，整體就一定會存在。

整體的存在意味著，有一個非常重要、非常特殊而又非常神秘的東西存在於「絕對」中。在相對世間的一切論說，大家都知道整體的重要，也承認一切生命活動的最終成果是成就整體。但就是沒有人說，整體是所有生命、靈性的源頭，是一切生命活動的原動力，是靈性最根本的內在因素。

生命是整體的驅動所顯現，整體心、整體性是生命與靈性的起始源頭，是生命與靈性的第一因。這個在「絕對」就存在的整體，不僅在二元現象界被人誤認，在「絕對」也從未被認知，被人類所忽視，自今以後，應該還祂本來面目了。在「絕對」，波動、粒子、整體這三者皆存在，三者也要有適當的名字作為代表，波動若以光波為代表，粒子可用近似物質且以光速運動的微中子為代表，整體就以靈子為名，在「絕對」其實是有三種粒子。

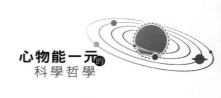

二十一、什麼是整體？什麼是整體心？什麼是整體性？

凡一個個別體（粒子）存在，就有一個與此粒子相應的整體存在；不論該粒子是以物質粒子，還是以能量粒子的方式示現。其實，能量和物質都是同一種類型的東西—波粒，不管是能量還是物質，都是以波動與粒子並存；以波粒二象性顯現於相對世間，也是以同樣方式顯示在「絕對」。為什麼在「絕對」中也是波粒並存？看看光就知道，至於其中的道理，在後文中還會詳述。當波粒並存時，個別粒子的相應整體就在那兒跑不掉。粒子是物質的原型，波動是能量的本尊，在這世間最重要的另一項存在，心靈、靈性、生命的最原始狀態是什麼？不就是整體嗎？除了整體、整體心、整體性，還有什麼是靈性與生命的本來面目？

為什麼在整體後面加上心—整體心？整體心性的特質特性就是要相互連

結，互助合作、架構聯繫；整體的全面關懷、全體照顧，是生命、靈性、心靈的最明顯、也是最重要的特質、特性。去除了整體的展示，生命或心靈還有什麼東西是特別的，與物質、能量有所不同、有所優勝的地方？

整體的整合作用，不僅展露、顯現在有靈性的生命體上。對於沒有生命的純物質，也是一樣的表露出來。牛頓所發現的萬有引力，大家只看到物質與物質之間會相互吸引。可是有誰知道，物質之間為什麼會有吸力？是什麼原因形成萬有引力？從來沒有一位科學家、哲學家對萬有引力產生的原因作過任何解釋。其實原因很簡單，萬有引力只是物質、純物質所表現出的整體心、整體性而已。整體心、整體性在純物質層面，所能表現的整合與全面關照僅止於此。但我們卻絕不可小看這萬有引力，若沒有萬有引力，宇宙間就不會有星球、太陽、星雲等一切天文架構，那也就沒有任何生命可以存在。

能量也不例外，能量也有整體心、整體性的特質。能量有一種本來具備的特性，那就是能量永遠是由能量聚集處，均匀地流向、散發到四週上下。能量均勻地流向能量較為稀薄的地方，直至週遭的能量濃度達到一致，這也就是著名的熱力學第二定律，並由此衍生出整個熱力學的全部四大定律之基本涵義。能量會自發的照顧四周、關懷整體，能量有其整體心、整體性的本質。能量與物質的整體關懷、全面照顧的本質、特性，有其截然不同之處。物質是內聚的引力，能量是外散的擴展，二者所本然具有的整體心、整體性，造就了今日宇宙的萬事萬物，也成全了生命、靈性得以顯現的物質基礎。

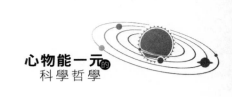

二十二、什麼是物質、能量、心靈所具有的最基本特質與本性？

物質和能量具有波粒二象性，這已經量子力學明確證明。在有限的粒子成形的同時，整體就已經在那裡，不管你是否知道、是否認同，都已無法改變此一事實。再說一遍，什麼是整體？整體就是那有限的粒子存在點之外的無限空間，以及空間內的一切存在物體。有個體就有整體，整體與個別粒子相互依存、絕不分離。物質最基本、最真實的特質和本性，就是個別性、就是粒子體。能量最基本的特質就是流動體，最真實的本性就是波動性。心靈最基本的特質、最真實的本性，就是整體心、就是整體性。

我們不可誤會，以為物質就只有粒子體、個別性，不是的，千萬不可誤解。量子力學已經明確證明粒子都有波粒二象性。每一個粒子都有波動及粒子二重性，有粒子就有與粒子同在的整體性。是故每一粒子都具備著三種基本特性：粒子、波動、整體三者俱全。物質粒子是如此，能量波動也是一樣。量子力學說：能量具有波動和粒子二重性，有粒子就有整體的特性，能量也和物質一樣具有波動、粒子、整體三種特性。我們現在應當都已知道，物質、能量、心靈三者都具有粒子、波動與整體三種特性。我們應該注意的是，雖然三者都具有三種特性，但三者所具有的特性有其強、弱，主、從之分。

心、物、能三者，每一種都具有粒子、波動和整體三種特性。但三者對於這相同的特性，有主要、次要以及附帶的分別。試以物質粒子為例，物質最重要、也是最強烈的特性是粒子性，其次是波動性，附帶而有的是整體性。整體性對物質粒子而言，是相對較弱的特性。此所以萬有引力相比於其他的自然力而言，也是相對的弱了許多。但我們要特別注意，其量稍弱並不等於是較不重要，萬有引力對物質而言，相比於其他三種自然力而言，是一樣的重要、一樣地不可替代。

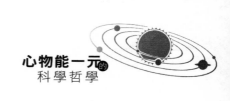

其次來談能量，能量是以波動性為主要特性。但能量的粒子性也非常重要，能量若沒有粒子性，則能量根本無從存在。能量的整體性，相比之下顯得較弱，但絕不是不重要。沒有能量的整體特性，就沒有熱力學，也就讓世間無法有規律的運用能量，而世間也就失去了一切變化的準則。

最後，說起心靈，心靈的最主要特性是整體性；整體性最主要的特質是包容一切、吸納萬有、全面照顧、整體關懷。心靈的次要特性是粒子性，粒子之所以對整體重要，是因為有粒子的存在，整體才能夠被彰顯。粒子若不存在，整體就成為一個空洞的名詞；故而整體與粒子是伴隨相附的存在。特別是在二元相對世界，整體與粒子必伴同出現，無粒子即無整體，無整體也一定沒有粒子。在「絕對」，因為「絕對」沒有空間，整體與粒子是一體的、是無法分別的，整體即粒子，粒子即整體；兩者沒有足夠明顯的區分，整體與粒子既是同一存在，又非同一；非同非異，是整體與粒子在「絕對」的狀態；非一非二、非有非無，在「絕對」，整體與粒子是不落二邊的中道存在。不僅是粒子與整體，粒子與波也是一樣。說穿了，整體、粒子與波動，是三又是一，非一非三、非一非異，是一個中道的存在。

整體、粒子、波動三者是一存三在，一亡三無。三者分別代表心靈、物質和能量的最原始、最根本狀態。心、物、能三者是共生共存，絕不分開，無有先後。說物質進化至某個程度而有心靈的產生，是完全不與宇宙實相相符的重大謬誤。

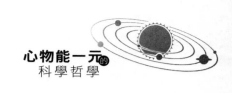

二十三、什麼是心、物、能三個系列？

心靈、物質、能量分別成為三大系列，各有其主要特性、次要特性、附屬特性。我們一般看慣了的、也研究很清楚的是物質及能量系列，他們是一切科學的研究主題。粒子是二元相對世間、物質系列的最主要特性，世間所存在的一切物質，從最精微、最細小的電子、微中子、質子、中子直到地球、太陽、星雲，其組成的成分都是由粒子構成；粒子是物質系列最主要的特質與特性。但這只存在於相對世界，在「絕對」境界，則一切物質都不能存在於其中，除了略具物質特性的微中子之外，其他的物質粒子，例如電子、質子都被摒棄於「絕對」之外。能量系列則以「動」為最重要的特性，波動離不開粒子，否則波動也無以存在。整體對能量而言，是附從在粒子之下的特性，但其重要性絲毫不遜於波粒二重特性。心靈則是以整體為主要特質及特性。

由上可知，心物能三者分別形成三個系列，各自發揮其特有性質。而也就是這些不同的特質與特性，綜合運行構成了我們所存在的宇宙內一切事物及生命。物質系列是以粒子為主體，粒子的存在，有其堅固性、穩定性和不變性。只要找到各個物質粒子的架構原理以及運行規律，就可以依循其原理及規律，預測及操控其行為並左右其變化。能量的特質是「動」，變動是能量的基本特性，但能量也是量子化的，也具有粒子的特質，也就是能量的變動，也有一定的原理與規則；找到能量運行的規則，人類也一樣學到了如何掌控能量，並加以適當的運作，用以豐富人類生活的內容，增進福祉。

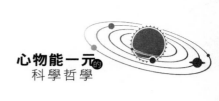

談到心靈系列，就與物質和能量系列有很大的不同。直到現今，科學界還是不明白什麼是真心。一直還是以物質的進化或能量的變遷、改形，作為是心靈、靈性及生命的本源。現今在科學界對心靈及生命的本源，大致有二大體系，也就是說，有二種比較普遍的學說，用以解釋心靈及生命的真相。其一是以訊息作為靈性的本質，認為人的靈性、心靈和生命的源頭，其實並不神秘，只不過是一些電磁波動。只是這些波動與一般的電磁波不同。

生命電磁波在人體內，特別是人的大腦中，傳遞著生命特有的波動訊息。這些波動具有某些特別的意義，被人的腦神經細胞吸收、轉化、變更為人類意識可以認知的信息。於是在視神經區的電波振動，就使人的眼睛，有了看見外界事物的反應。其他耳、鼻、舌、身等皆是如此。這些信息又經意識區的解讀、理解、分析而有了意識認知。

生命並無特殊奇異之處，只不過就是這些信息的傳遞所形成的結果。有相當多的人把生命、靈性、心靈定義為信息，於是就說生命體只不過是物質、能量加上信息而已。信息則隱藏在DNA的密碼中，只要確切了解DNA就能夠掌握生命的奧秘。生命體與純物質的差異，在於純物質只有物質及能量，而生命體是物質、能量再加上信息。

另有一派學者則作了更深入詳細的探討。他們認為只有信息是不夠的，生命的形成還需要更為精細、微妙的能量，唯有這種精微的能量，才可以成為生命的本質與基礎。簡言之，這種精微的能量，表現在生命的基本單元－細胞內，但也可以在生命體的各種組織、器官及系統中找到它們的蹤跡。例如，細胞中的代謝化學，是精微的能量，促使細胞知道汲取養份、排出廢物。沒有這種精微能量的運作，只有信息將是一無作用，就像拔掉插頭的電腦，信息做不了任何事。生命成就於獨特且精微的生命能量。

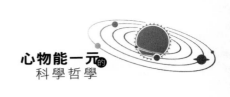

上述二派生命科學的重要論點雖有不同，但卻是一脈相承，都是由純物質及純能量出發而完成其觀點。以DNA與信息視為生命本質的學說，著重在可見可觸的物質上面，從DNA含藏的物質密碼開始，轉化、演變到心靈及生命的形成。而第二種精微能量說，則是比DNA信息派稍微前進一些，由具象、具形的物質DNA，轉進到較為抽象的精微能量，但仍然沒有找到宇宙的真相以及生命的根本源頭。

當物質、能量已經存在的當口，怎可沒有整體？只需簡單的問一句，那個精微、奧妙的生命能量，是如何來的呢？是誰賦予此精妙能量的生成與出現？是上帝嗎？如果不是上帝，那是誰呢？不必困惑、懊惱，答案很簡單，是整體心性的自然、本然、必然的顯現。整體只要存在，就會自然而然地，作出全面關懷與整體照顧的本性。這個本性會使原已存在的變得更精妙，原來已經有的，則會自發成長的更神奇、更不可思議。而一旦成為事實，那本不可思議、不可想像的，就變成可思議、可認知了。

心靈之所以難以被人認知，除了心靈無形無相以外，心靈還有一項令人難捉摸的特性；那就是心靈既然是整體，具有整體心、整體性，那心靈也就不可避免的是無所不包的；不管是好的、是壞的、是正是邪、是利是弊，全都被整體所包含、所容納；整體如果會挑三揀四，選好的、有利的留下，不利的、壞

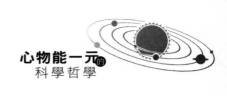

的就丟掉，那還能算是整體嗎？整體必須是無所不包、無所不容，那才是真正的、名實相符的整體；也才是心靈、生命的真正本質。

既然有此完全包容的特性，理所當然也就不會特別顯著突出，而是成為一個無所不在的隱性推手。心靈與生命的整體性所做的一切成就與貢獻，都可以在物質和能量上找到著落點，極易被誤認為是物質或能量轉換出來的結果；也就使得人類自我蒙蔽覺察真相的能力，而將整體心、性所做的一切成就，歸功於物質或能量。

科學家、哲學家在把整體心、性的成就誤植於物質與能量身上，而作上述論斷時，內心會有所不安，但又找不到問題在哪裡？他們怎麼可能找到真正的答案呢？他們根本就不知道這一潛藏默運的真正關鍵所在，也根本沒有整體這一概念。又如何會想到這一切神奇、玄妙、難以言宣、不可思議的變化及運作，之所以可以成為事實，完全是全面照顧、整體關懷的整體心、整體性默默地運作所完成的成果。他們只能看到在整篇全面演化及躍進的過程裡，最終會有成就大整體的影子存在。

心物能這三個系列，分別在其各自擅長的領域，作出了難以計數、無以言宣的偉大功勳事蹟。這三大系列在整體心、整體性的統合、協作、架構、聯繫、圓成之下，所展現出來的最終成就，便是今天這個充斥著心、物、能三者齊全的大宇宙。生命、心靈不是後到的趕場者，而是在一開始、在宇宙尚未爆炸前的階段，就作好準備，並且早已齊備了心、物、能三者的特質、特性，備妥萬全方案，在「絕對」中靜待時機的到來。

二十四、什麼是簡單法則？

二元相對世間，沒有一樣東西是簡單的，一個微生物—細菌，不簡單；一個原子，不簡單；那更不用說人，更是不簡單；不但不簡單，應該說是複雜又複雜。存在於世間的東西都很複雜；但我們知道，複雜是由簡單所演化出來的，越原始的東西越簡單，越進化的東西越複雜。那麼什麼是最簡單的東西？最簡單的也就是最古老的、最原始的。如果單細胞生物—細菌，已經十分複雜，一個物質原子，也已經相當複雜，也等於說細菌和原子都已經是經過演進變化過來的，要在這個二元相對世間尋找最原始、最單純、最簡單的東西恐怕不容易。如果依據簡單演化為複雜的法則，二元相對世界，還真是找不到那最起始、最根本、最原始的簡單。是故亞里斯多德說，在二元相對世界，找不到第一因。

要找真正的簡單，似乎只能從「絕對」中找。我們都知道光存在於「絕對」中，光、光子、光波、電磁波，以及以前都沒有人注意、沒有人知道的與光子並存的光量子之整體；也就是粒子、波動、整體這三者存在於「絕對」，這三者可以說是最原始、最簡單的存在了。嚴格講來，這三者已不是最根本、最起始、最簡單的存在，因為已經由0轉化到1ì（粒子）又由1ì而3ì（粒子，波動，整體）。真正的最原始的應當是0，什麼都沒有；但最原始並不是什麼都沒有，如果是什麼都沒有的0，那就是永遠是0；就是因為不是0，才有光這個永動的存在，光的存在就是「動」。在最原始就有動，是動與靜俱在，也就是0與1ì俱在的狀態。

光要動就必先自行轉化為粒子，有了粒子才可以顯現動的存在，這就是波粒二象性的由來。一旦有了粒子，整體就已存在，因此，波動、粒子、整體三者便在最早、最根本、最原始的狀況下存在，也就是0→1ì→3ì，這一個步驟是同時完成，是在沒有時間的狀態下成就。在沒時間的狀態，0→1ì→3ì，其實就是0＝1ì＝3ì，完全沒有差異，也不能做任何區分。「絕對」的0與1ì是完全不可區分的，也就是在「絕對」，0即是1，1即是無量，無量即1，即是0，這就是最根本、最原始、最簡單的存在，不存在的存在。

二十五、什麼是第一緣起？

在最原始、最根本的「絕對」，有著0→1i→3i的變化，這一變化其實是變而不變、不變而變；是非一非異的變化，也是最簡單、最原始的變化。這一變化，也是一個因緣聚會，緣起性空的變化。0中要有「動」，就非得「動」自己幻化出個粒子，「動」才可以成立，「動」才動的起來；「動」若不幻化出粒子，就動也無動，動不起來。一旦動起來了，波粒二象性就是不存在的存在了，當波粒中的粒子顯現時，整體就自然而然地出現了；波動、粒子、整體三者的出現，是「絕對」中最根本、最原始的變而不變的變。

這一變而不變的變，也是一個緣聚而成就的變，是一切緣起的最早緣起，是即第一緣起。在二元相對世間，所發生的所有的變化、演進，都是緣起法；因緣相聚而生、緣散而滅。相對世間的所有緣起變化，都根源於「絕對」的這個第一緣起；也就是說，第一緣起造就了、鋪陳了、劃定了世間的一切變化總原則、總綱領；世間一切緣起都少不了波動、粒子、整體這一緣起狀態。緣起的最原始、最根本的第一緣起，是從「絕對」中生起而又普遍存在於一切二元相對世間的每一狀態。如果不能透過量子力學的波粒二象性，透過相對論中「光速是絕對的」這二個基本概念，我們是完全沒有辦法、沒有機會，了解這深深埋藏於「絕對」的第一緣起，這個世間一切緣起現象的總源頭。難怪佛陀在談到緣起法時，嘆說：「緣起甚深、極甚深。」深到不用近代物理學根本說不明白。

二十六、什麼是宇宙根本法則？

宇宙根本法則很簡單，就是一切相對現象以及「絕對」中不存在的存在現象，都是由波動、粒子、整體這三樣基礎緣起材料所構成。任何一個現象，不論是在「絕對」或二元相對世間，都是由波動、粒子、整體三者所共構完成。再進一步談，即使是波動或是粒子的本身也不能例外，整體也是一樣，三者的任一項，也都是由波動、粒子、整體三者所共構，絕無例外。

二十七、什麼是二元世間的緣起？什麼是緣起性空？

一切二元相對的世間存在，都是有條件、有限制、有時段、有結構、有壽命的存在；大到星球、太陽、銀河系乃至全宇宙，小到一個細胞、一顆原子、一個電子都是如此。這些有條件、時段、結構的組成事物，可以將之分析、解構成很多基本的組成元件；這些構成物體的基礎元件，彙聚的過程及結果，我們可以命名為「緣起」。緣聚則生、緣散則滅，由眾緣彙聚而成的事物，都會因為緣的分散而消滅；一切由因緣聚散而存在或消失的東西，都是不常在、都是有限的存在，也是虛妄的存在。其本性一定是無常空幻，不常在，這就是緣起的真相，其性本空。但在一切性空的背後，還有個不空的根本因，這一根本因，不僅存在於相對世界，也同時存在於「絕對」。由於根本因同時存在於「相對」及「絕對」，「絕對」與「相對」同時同地共存，從未分開，只是我

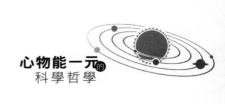

們絕大多數人都不知道此一事實。

緣起還有一個非常深刻且極其重要的意義，每一緣起都是一項創造的過程，有緣起就有一個新的創造或創新。舉一個日常生活的例子，我們幾個好朋友在一塊聊天，談到緣起性空。老友蕭兄拿起兩根筷子，交叉成個十字；然後指著說，兩根筷子交叉，就是二緣相合，成了個夾角；這夾角就是因為兩根筷子的緣合，而產生並創造的新存在。是的，就是這樣，在二元相對世界，任何一個存在的現象、事件、物質和能量的運作，通通都是因緣相合，緣聚而有、緣散而滅，都是有時間、有片段、有壽命的存在；都不是永久、永不改變的東西；都是會變的，不具備哲學上所謂的真實、永恆的存在。

雖然二元相對世界裡的一切存在，都是緣起而生、緣散而滅的虛妄存在，會改變、會消失的存在。但是這些會改變、會消失的存在，卻都是我們眼、耳、鼻、舌、身及意識六種認知，所能感知的存在。對我們而言，對全人類言，對一切有生命、有心靈的生物言，這些會改變、會消失的存在，是我們人類所能認知的真實存在。我們不認為這些緣起性空的虛妄且暫時性的存在，是虛妄、是假相、是隨時會幻滅的存在；我們認為，這可以被我們六識認知的存在，就是真實的存在。我們知道，一切我們以為真實的東西，都是會隨著時間而改變、而消失，但我們找不到永恆不易、永遠存在的東西，那是什麼？我們不知道。

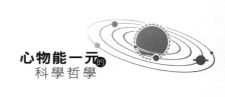

二十八、什麼是永恆不變的存在？

著者為什麼要寫這本書，就是要告訴世人，確實有永恆不變的東西，存在於我們生存的二元相對世界內每一角落，甚至存在於我們肉體身軀之內，存在於我們肉身的每一器官、每一細胞之內。在我們生存的世界，在我們的肉身，都是緣起性空、隨緣變易的虛妄存在；但在一切性空的背後，有個不空的根本因。這一根本因，不僅在相對世界裡存在，也同時存在於「絕對」。說的更為精確些，這一難以認知、不可捉摸、無形無相的東西，存在於「絕對」；但因為「絕對」無所不在，「絕對」和二元相對世間的每一事物共處，因此之故，世間每一事物都與這個東西，也就是根本因共處。

在沒有時間、沒有空間的「絕對」，也就沒有壽命的問題，沒有時間，哪裡來的壽命？沒有空間，就無處不在，任何空間都有那無處不在的東西。那東西本來就在，不依賴任何事物和祂共聚。祂本來就有，也就永遠都有，不會時有時無。祂是自然而有，不靠其他部件共生而有，是空中妙有、不有之有。那東西—根本因，普遍存在於一切世間及無空間的「絕對」，祂是遍在遍有。雖說是自有、本有、遍有、自在、本在、遍在，卻又無形無相，找不到、看不見、摸不著；祂是不存在的存在，是既存於「絕對」，又遍在於「相對」的存在。沒有固定的形態，卻又有其無比奧妙的作用，故而是「空中妙有」。

這個難以認知、無從捉摸、無形無相卻又具體存在的東西—根本因，正是禪宗開悟明心所追尋的對象。禪宗修行者常常窮其畢生之力，茫茫然日以繼夜找尋的東西—真心實相；找到之後，還要能具體真實驗證，嘴巴上解說算不得實證。永恆不變的無相之相，是真實存在的，那個沒有六識，卻有自己本有的識，所謂的「無識之識」，也是真實存在的；言語說不清楚，但可以透過肉體身軀的六識去與之相應。

二十九、什麼是本覺？

前文談到過，因緣具足，緣聚生起，每一個緣起的成立，都會創造出新的東西；就像兩根筷子合成一個夾角，這個夾角就是一項新的創造。在筷子未合之前，這個夾角並不存在；兩根筷子一合，夾角就出現，而且隨著筷子的移動，夾角會有銳角、鈍角、直角等等不同的角度出現。

在「絕對」中，當波動、粒子、整體三者完成了第一緣起時，也即刻成就了一項新的創造；就是整體所自然而生的整體照顧、全面關懷，不管是一個粒子的整體，還是一個涵容多個粒子的整體；整體的自發本性，就會對其所可以照顧的粒子，作出關懷與照顧，就像筷子會有夾角，而且有多種的角，隨著筷子的動轉而呈現；同樣的，粒子的整體會對所含有的全部粒子進行關照。

這種整體心所自發的整體性—全面關照，是一種覺知，有整體心為能覺，有粒子為被覺、所覺，覺知便自然而又本然的成立。這種本然的覺知，便是本覺、本然，是自發、是自然而有的「覺」。說的更仔細些，整體心的全面照顧關懷，使得夾角被認知，整體關照讓關懷不僅在兩支筷子上，更擴大到夾角，連本不具體存在的虛像夾角，也被覺知照顧到了，這即是本覺的真正含義。

到了此處，我們千萬不可認為，只有整體心、性發生了全面作用，生出本覺而漠視物與能這二個根本因緣；物與能二者也一樣有其創造性的成果，這留待後文再詳細說明。

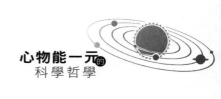

三十、什麼是本覺之「覺」？此「覺」何來？

我們已經知道，每一個因緣具足的緣起事件，都會隨之而生起新的創造。我們也已經知道，二元相對世間所發生的每一事件，不論大小，都是因緣具足而後生起的事件。這所有的緣起事件，都是依循心物能，波動、個別、整體三者共構的這一基本法則而生起，世間沒有任何事、任何物可以自外於基本法則，可以不依循基本法則而成立於世間。

波動、粒子、整體三者共構的基本法則，成立於「絕對」，是謂第一緣起。二元相對世間的一切現象都來自於「絕對」，也都必須依循「波動、粒子、整體」基本法則。依基本法則成立的緣起，出於整體、整體心的全面關懷、整體照顧，便自發地有了覺知，是即本覺。只是本覺之「覺」涵蓋極廣，除了二元相對世間的覺知，眼耳鼻舌身意識這六識是由本覺演化而生起；本覺的本身也還保有其自有、本有、遍有的覺知性能，是世人難以了知、難以覺察的覺知性能。佛門禪宗之悟，就在悟明此真心本性的覺知能力，一旦開悟，算是對釋迦世尊所傳授的大乘佛法，有了初步認知及粗淺的證悟體驗。

要把整體、整體心所自發的本覺作更詳實的說明並不容易，特別是要對在「絕對」狀態的本覺作說明，是更為困難；雖是如此困難，也已初步作了解說。現在再從現象界的狀態來說明，方可將之連貫在一起。暫且將前文所舉的例子，兩支筷子疊在一起，作一更具體的說明。看見兩根筷子交叉並形成一個夾角是眼睛的功能，認知到夾角是直角、銳角或鈍角，是意識的功能；惟有意識才有這一幾何學上的識知能力。我們日常生活上的所作所為，都是眼耳鼻舌身前五識作初步識知、了別，再由意識加以作進一步的認知，並發揮其潛藏的認知能力，而完成全面識知的過程。

認知、了別的完整過程，一定是前五識加上意識，二項（前六識）合作才完成認知過程的綜合結果。而這合作認知過程的每一步驟，每一細節之能夠成立，並生出認知、了別的結果；都是整體、整體心、整體性在發揮其整合、協作、全面關懷、整體照顧的心性作用。不僅將兩支筷子納入為其整合、關懷、照看的對象，也把夾角的幾何含意，納入意識識知的範圍，這都是整體心、性所自發的覺知；此覺知來自於心、物、能的整體作用，波動、粒子、整體三者共同整合、協作、關懷、照顧的完整結果，這是一項依循於第一緣起的整體結果。

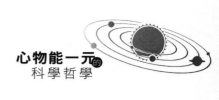

整體作用的含意，簡單講，就是把原本屬於物質的二支互不相干的筷子，透過整體心性的整合作用，將兩支個別存在、相互獨立的物質個體整合為一體；並作出新的成果。在兩支個別存在的筷子身上找不到的幾何含義，經由新創作的連結及整體結果，透過心的整合而顯現；這就是心，整體心、性的功能及作用的成果。這一成果，是由伴隨物質及能量同時顯現的整體作用所完成的。心物能、波動、粒子、整體是永遠同時顯現、共同存在，三者一體，永不分開的存在；不僅是在現象界，在二元現象界生起之前的「絕對」早就一體共在了。當三者在「絕對」中一體共在時，本覺之覺已因整體心、性之存在而在，此覺從「絕對」而來，因「絕對」遍在於二元相對的宇宙中，本覺之覺也遍在此宇宙的每一事件中。

三十一、什麼是比意識更深更廣的覺知？

比意識更深更廣的覺知，就是本覺之覺，本覺之知。只是本覺的覺知與意識的覺知了別不同，也和眼耳鼻舌身等前五識不一樣。簡單的講，前五識加意識，這六種識是對應二元相對世界的認知；前六種識之所以產生，是由本覺所轉化，本覺整體心及永遠伴隨整體心顯現的整體心識系列的個別粒子，也就是稱為因子的心識粒子，二者交互作用而轉化衍生出眼耳鼻舌身及意識。前六識來自於「絕對」裡的不知之知、無識之識，和我們所熟悉的六識之識知、了別，完全不一樣的識知。

近代的神經科學、心理學的研究，都集中在意識層面，對於本體的真心自性，可以說是近乎毫無認知。只有在佛洛伊德及榮格的心理學中，有談到潛意識、無意識、深層意識、集體意識等概念。在這裡要特別申明，無意識、集體意識等內容和我現在所說的整體心、性，沒有什麼關聯與相類之處；對榮格的學說，我不打算在此多談，以免混淆。只有一個比喻可作借鏡，他們說顯意識等於是冰山露出水面的一角，百分之九十以上的仍潛在水中成為潛意識，這點倒是可以認同的；前五識加上意識所顯現的，是整體心識的一小部分，心識的絕大多數部分，仍潛藏在整體心性中，等待我們發掘。

整體心性在第一緣起時，便與波動、粒子同在，在「絕對」中便以心靈的原型與物質及能量的原型同在，心物能三位是一體的，一存三在、一亡三亡。也就是在「絕對」中，心物能是分不開的，是一體存在的。等到宇宙大爆炸，物質與能量隨著時間、空間的生起而顯現時，心靈也依著心靈的最主要特性逐步展示開來；在有時空的二元相對世間，心靈和物質、能量皆各有地盤，分別開展其獨特的存在形式。但心物能三者的一切成就，仍為整體心所涵蓋。

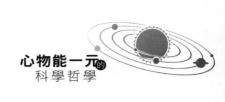

寫到這裡，要說幾句題外話，科學家們如果真正想要認知與了解生命及心靈的根本問題，就不可執著於、沉溺於二元相對世界；一定要將自己的視野打開，走向能夠認知「絕對」這條道路。生命及心靈的本源在「絕對」，不從根源去認知、了解，是永遠也找不到心靈的真正的、正確的答案。

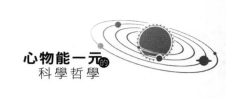

三十二、什麼是覺知？覺知從何而來？整體心與覺知有何關聯？

什麼是覺知、認識、了別？在哲學上作了長期的研究及論辯，但至今似尚無定論。從心物能一元的觀點來看，這個問題其實並不難解決。每個粒子都有個整體，億萬個各自獨立存在的粒子，又會有此億萬個粒子所共同擁有的整體。這億萬個粒子的共同整體，和每個單一粒子的自有整體，是一個經過整合的整體，每一單獨粒子的整體，和億萬個共同粒子所組合成就的整體是互通的，非異非一；這兩個整體，不是一個，但又不是完全不同的分立體，非一非異。億億億萬個粒子又會組成一個容納億億億萬個粒子的整體，這裡面又有億萬個容納億萬個粒子的中型整體，也同時擁有著億億億萬個各別粒子的小整體。大中小三類粒子整體，相互是互通又不是完全相通，全都是非一非異；既是一個整體又不是一個整體。小整體、中整體、大整體、特大整體、極大整體、超極大整體、宇宙整體、超宇宙整體、無限宇宙整體，這無限多及無限大的整體，和你那個單一各別的自我小整體，非一非異，是相互融通的，但又不是同一個。

覺知、認識、了別的存在都必需有覺知的主體，也必需有被覺知、被了別的對象；覺知主體與被認知的對象二者俱在，是認知、了別得以成立的必要條件，二者缺一不可，這已是盡人皆知的基礎知識。當代心理學家、神經科學家經過多年悉心研究，也已經弄清楚這一認知過程的大部分細節；舉個例子：我們眼睛看見一朵紅花，這一事例之所以成立；首先是太陽光照射在花上，紅花把陽光中的光子，又反射到我們的眼中，著落在眼球後的視網膜上，這時候是以倒影呈現在網膜上；然後體內的神經系統以電磁波方式，將這一倒影訊息傳播到大腦相關視覺的各個區域，腦部各視覺區又將此一視覺圖像組合傳送，於是我們眼睛就看見了一朵紅花，而且是一朵正立非倒影的紅花。

這些電磁波在眼睛及腦內的傳送、組合、調整、建構的過程，如今神經科學家已經弄的十分清楚，他們把這一部分稱為容易部分，難不倒他們。但他們卻無法瞭解，這些電波的傳遞、組合、調整、建構，也就只是些微弱電磁波動的運動現象，為什麼就是這些電波運動，就最終變成我們的眼睛看見了一朵紅花。這是如何成就的？如何由電磁波的運動及轉化，就構成了眼睛的視覺成像，他們解不開這道難題，就把這個問題稱為困難部分、難解問題。這個神奇的魔術難題，是從「絕對」境界就已有答案的問題，是在「無時間、無空間、無質量、無能量」的四無「絕對」狀態就已經有了答案並已存在的東西。

在這二元相對世界，當然就得來全不費功夫，根本是不成問題的假問題。意思就是，有個整體心在每一階段，在光波進入眼睛視網膜，在電磁波傳遞到腦的各部分，在各部分相互傳送訊息，終至傳達到意識中樞，成為一個清明的影像—看見一朵紅花；在上述的每一步驟都有整體心在作用，在對每一訊息作了分析、組合、架構、全面整合與關照，這一朵鮮明紅花，就清楚地顯現在我們眼前及意識中。

如果沒有整體心在每一階段，作了適度的整合、建構，我們會對這些微弱的電磁波訊息，得出任何有意義的結果？一定要經過整體心的整合運作，把這些相互毫無關聯的微弱電磁波訊息，整合成為信息，才會有看見一朵紅花的心靈反應與結果。

也許有人會問，整體心真有這樣的功能？你可以更具體的證明你所說的這一切嗎？答覆很簡單，整體心無形無相、無質無量，根本不可見、不可捉摸，但又不是完全不可見、不可知、不可捉摸、不可思議。因為整體心不可見，所以很難拿出具體、具有形象的事證，我們想要充份認知，清楚明白的了解認知祂，就只有靠自己的信心和慧智。

三十三、什麼是對整體心、性的信心與慧智？

說到信心，那可不是一般的信，是要完全純淨的信，是所謂的淨信。那是全盤接受，毫無任何疑慮；若有疑惑，也只是認為是自己所知不足，而不是書中說法有問題。用此淨信，全心全意的閱讀本書；記印於心。為什麼不說智慧而說慧智？在淨信持念全盤將書中主旨轉化成為自己的心意，並堅持了一段時間之後，會在一瞬間，突然明白了以前所不明白的要旨；與心中想法相印證，這是一種一念相印慧。一念相印慧再經縈繞於心，久之，自然智慧生發，故曰慧智。如果不想步上淨信與慧智的途徑，那就請翻開本書第七問，再看看霍金先生在《大設計》中所寫的那二段文字，可以在那種狀態繼續停滯，那也是另一種選擇。

三十四、什麼是整體真心的具體作用？

上文談到，要對整體心如何發揮整合作用，作較詳細完整的說明，頗有困難，因為整體心不可見、難以言說；不得已，只好藉用間接的方式加以說明。依據佛法所言，萬法因緣生；二元相對世界的一切現象，都是眾緣彙聚而存在，緣合而有、緣散則滅。由因緣所生的萬物，因是最主要、最根本的緣，沒有根本因，緣是聚合不成的。近世多有學者忽略了這根本因，而只從緣的部分考量，講的具體些，例如許多科學家找不到真心，就認定心靈、意識是由物質及能量進化而來。

要闡明真心，先說緣起；緣就是相關條件及因素，或者說是組成物體或事相的各個部件。以人腦為例，科學家傾向於只要有腦存在，意識就有機會顯現；先有生命基礎物RNA、DNA、氨基酸、蛋白質等多種物質，再經複雜的演變，使有機的基礎生命物質，具有對能量的控制及運作能力，再進而產生新陳代謝作用。

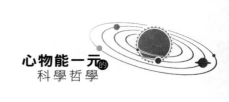

概括來說，生命物質由一些較為簡單、單純的基礎物質，透過自我組織的過程而形成；從一個較為雜亂的狀態，步向產生較多的秩序。再經過天擇的自然汰換，較有秩序狀態會被保留並增加，讓接續的變化產生更為精密、複雜的秩序會逐步顯現。比較高等的生物都是經由這種天擇產生；一切生物，包含人類，都有自我組織的能力。

以上所言，是現在各個科系的科學家，包含物理學家、生物學家、神經科學家等等，所共同認可的說法。這裡面有些重要的關鍵點，天擇、秩序增進、自我組織，自簡單而繁雜且具有結構，這些是怎麼發生的？為什麼發生？都沒有答案。此外，也有不少與主流科學家有不同看法的科學家提出，RNA、DNA的結構，蛋白質的折疊，這些生命基礎物質，怎麼會自行發展成這種恰如其分的結構？再加上霍金書中所提出的、數以百計的物理常數，為何會有如此精確的數值？這些神奇的結果，看來極難出自於偶然或天擇；失去了整體真心，都很難解。

整體心就是一切緣起的根本因，有了這個根本因—整體心，整體心的整合作用，在永無休止的作著相互連結、架構、整合、全面關懷、整體照顧；整體心的這些特性，無時不刻、每分每秒都在作用、都在整合；所以會有天擇、優勝劣敗，勝者更勝、敗者轉勝，會有秩序增進；不斷地整合的結果，必然是朝向更多、更高秩序邁進。自我組織有了全面照顧、整體關懷，組織的昇進增長也是必然的結果。

整體真心在往更廣大、更精準、更複雜、更優美的整體邁進，精確的物理常數會極為精準的出現，也是必然的結果；而且是以有效率、非常優雅、簡約

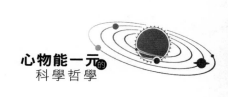

的方式出現，而不是靠著或然率、靠著多次失敗中的一次成功機會。

整體真心就像是一台永動機，一旦啟動，永遠不會停止，一直不斷的在作整合、聯繫、連結、全面關照、整體照顧及結合；宇宙萬事萬物就在這種無有止境的動力之下，一直朝更廣大、深厚、精準、無奇不有、難以想像的大整體架構邁進。人的大腦、身軀的各個器官、系統、心靈的功能展現，都是如此成就的。

三十五、什麼是能量與力量的差異？

我們都知道能量是無方向性的，能量的特性是由能量的集中處，均勻地分散走向周圍。力量是有方向的，力在物理學上是一種矢量，也就是一種有方向的量；能量的本性是無選擇的、沒有偏好的，全面的放射；力量則不然，力是有選擇、有方向的存在。力量和能量二者又相互關係十分密切，力量可以做功，能量是一種潛在的、未顯現的功。舉一個簡單的例子，汽油蘊藏著豐富的能量，燃燒發熱可以取暖、烹煮食物。汽油中能量的作用不僅於此，若懂得進一步的運用，就可以為人們做功；將汽油注入內燃機燃燒，就可以推動汽車為我們代步。

能就是動，在「絕對」與「相對」二元世界都有動，也都有能的存在；但力只存在於相對，「絕對」裡沒有力。「絕對」沒有空間，本不可能有動，但別忘了，光存在於「絕對」，「絕對」的動即是靜、靜即是動，動與靜非一非異。在「絕對」沒有量，「絕對」只有能，沒有能量；沒有力，更沒有力量；在相對，有能也有能量，有力當然也有力量。在「絕對」，心、物、能都是一種原型的存在，以整體、粒子、波動的型態存在，是一種沒有形相的存在，是不存在的存在。力是能的變形存在，全面照顧的能，轉化為有方向、有對象的力，力是能的一種變態存在，為了適應二元相對世間的需要而顯現存在。

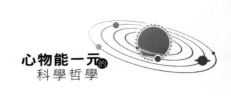

三十六、什麼是漏？什麼是無漏？

漏則易失，有漏意味著有缺失，無漏則等於是圓滿、沒有缺失。能量是沒有偏好、沒有選擇的全面照顧，能沒有缺失也就是無漏、是圓滿的。力是有選擇、有方向的矢量，也就是一種顧此失彼、有所缺漏的存在。二元相對世間是有漏的世界，有漏則變異不止，是一短暫虛妄、不可永存的存在。「絕對」則是無漏的存在，無漏則無得無失，是一永恆不易的不存在的存在。

三十七、什麼是明與不明（無明）？

在「絕對」，一切皆明，沒有不明之處，也沒有明暗的對比，「絕對」是明極而無可明。當一切皆明而再也沒有可以增益那個明的時候，那個極明而無可增益的明，也變成了無明，也就是再也沒有可明了。「絕對」在極明而無可再明的狀態裡，也就等於是在無明裡；而這個無明是在沒時間、空間的「絕對」裡，豈不就是在無始的狀態；是在無始裡就有無明，亦即無始無明。無始無明到底是什麼意思？在無始的「絕對」裡，明與無明同在，非異非一。一直到有種變化發生，打破了這種明極而無可明的狀態，進入到真正的明與不明的對比時；無始無明從本來的無明，擴大到明與無明對待的時候；那個真正的無明，真正的無始無明的延續體，在容許有不明的相對世間中存在，才真正的展示出無始無明的真相。

在二元相對世間裡的一切存在、一切現象，每一角落、每一處所，都有著「絕對」與「相對」的相應存在；也就是相對世間的每一存在都是「相對」與「絕對」共在，也就是明與不明，明與無始無明共存，明與不明、非一非異；一直要到把二元相對世間，所有的明與不明，都轉化為明極而無可明，方使無明消盡、永無不明。

三十八、什麼是打破明極而無可明的變化？

「絕對」不是一個一成不變的東西，「絕對」是時刻在變的，「絕對」沒有時間，只有變易；沒有時間的變異，其實就是沒有變易，是變而不變、不變而變。如果有人不明此理，以為「絕對」是不變的，誤認為變異就是代表不圓滿，「絕對」不該是不圓滿，所以「絕對」是圓滿而又不變的。

印度有一位在哲學及禪修界鼎鼎大名的大成就者——奧修，奧修和他的耆那教師父，師徒兩人都落入此一似是而非的陷阱中不得跳出；終至使他們的修行也在不圓滿的境地中掙扎。他們沒有了解到，「絕對」是圓滿而又是可變的；不僅是可變的，而且是剎那剎那都在變異；「絕對」是變而不變、不變而變，故而「絕對」是既圓滿而又瞬息萬變，但又不變；「絕對」沒有時間，就沒有變，是即不變而變、變而不變。

「絕對」是如何瞬息萬變？這值得探討，首先要明白「絕對」為什麼是瞬息萬變的？是如何變？為什麼變？真的會變嗎？有一連串的問題都得先解決，才能進一步談，「絕對」如何變。前文（第十九問）已談到「絕對」是純動，又是純靜，在「絕對」的無時空狀態，根本就沒有動與靜的分別，可說是非動非靜；「絕對」的狀態，既是純動，也是純靜，也可說是非動非靜，毫無動靜。考慮到光的特殊體性，「絕對」是動靜皆宜的，那上述的各個問題，也就成為不成問題的問題。

「絕對」可以是純動，也可以是純靜，但絕不是動與靜都同時、同地、同在，「絕對」沒有同時、同地的可能，也就不可動靜同在；因為動靜同在，則成為相對狀態；相對即非「絕對」，故「絕對」絕不會有動靜同在的情形存在。「絕對」可以是非動非靜，可以想像為純動與純靜都快速互換，互換快速到如同光速，每秒百千億萬次的變動都可以，就是不可以動與靜同在；動與靜同在就是「相對」，而非「絕對」。

三十九、什麼是動與靜同在？什麼是一念無明？

「絕對」沒有動與靜同在的狀態，只有純靜或者純動的狀態，只有純靜或純動二者之一單獨顯現的狀態，也可以說是純動就是純靜；純靜亦即是純動。「絕對」可以是即動即靜，也可以是非動非靜，但就是不能動靜同在。

什麼是動與靜同在？那就是有一部分動的及另一部分是靜的，二者同時同處存在；例如在車上、在飛機上的旅客之間的狀態是互相靜止的，而車子或飛機是在高速運動著的。這種有部分存在是靜止的，另有一部分是運動的，這就是動靜同在。「絕對」沒有空間，「絕對」就沒有動靜同在。動靜同在一定要有空間，以容納相對靜止及相對運動的狀態，故而動靜同在一定是在相對狀態，是在有空間的狀態；有空間就有時間，有時間才可以描述空間及相對運動、動靜同在的真實情境。說穿了，一旦有相對靜止，動靜同在，就必得有空間、時間及存在體，也就是二元相對世間就此出現。

動靜同在如何產生的？佛經有用「一念無明」來形容，用一念來形容，實在是找不到更好的名詞；除了用一念來説明，很難有別的名詞，在兩千多年前還沒有物理學的概念。現今則可以用動態、動勢來説明。在「絕對」，純動與純靜交替存在，但就是不能動靜同在；這就會很自然而又本然的出現一種趨勢，或叫做動勢；一種走向動靜同在的動勢。這種趨向動靜同在的動勢一旦成立，就會立刻產生空間以容納動靜同在的這一新狀態。

從人類看來，這就是大爆炸，宇宙大爆炸；一旦爆炸，立刻快速地展開空間，空間就從無到有；從原本沒有空間的狀態，轉化為空間不斷快速增長膨脹的狀態。有了空間就會相應而有時間，時空就此成就。這種突然大爆炸的情境，自有時間以來，已經不知道經歷了多少大爆炸。空間既然是新生的，就不會限制只在此時此處生出我們人類生存的宇宙；在別處，在別的新生空間裡，也就有數不清、道不盡的宇宙在爆炸生長、運動成長。

而在我們居住的宇宙，也仍在不斷的膨脹增大下去。這樣地由「絕對」迸裂出來、爆炸生長的宇宙有著數不清的數量，時時在爆炸，暴脹；這一過程在古代還真是難以說明及形容，只好用一念無明作為說明。其實在那大爆炸的初期，還沒有念，無明倒是有的，有著明極而無可再明的無始無明，這個無明的動勢，創生了新的無明，一個對新成就的相對二元世間，完全無所知的無明，這一無明用一念無明來說明倒也恰當。

一念無明創生的新宇宙，數不盡的宇宙在不同的時地，隨著空間的生長創生而成就。我們不可認為只有我們人類存在的宇宙是唯一的宇宙，霍金先生說，根據弦論，可能同時有著數不盡的宇宙在增長壯大，是大有可能的。我們也不可認為全宇宙，只有地球上有人類存在於本宇宙內，天文望遠鏡已找到了不少類似地球、適於生命誕生的星球在本銀河系內；更別說在宇宙內有數以千億計類似銀河系的星雲系統，其中有多少顆星球適合人居，可能算都算不清。但不管如何推算猜測，我們可以確定的是，本宇宙鐵定是很熱鬧的，絕不是只有地球才有高等靈性生命存在。

我們必須要認知清楚的是，這無邊無數的星球、星系、宇宙，都是由「絕對」衍生變化出來；「絕對」內存本有的動勢，透過要獲得動靜同在這一祈求，而演化出無量無數難以計算的宇宙；而這所有的宇宙、星系、星球，都是由「絕對」生出，而「絕對」本身卻不生不滅、不增不減，毫無變化，於不變中變化無盡。

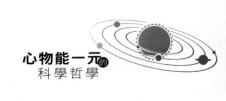

四十、這個自然存在的動勢（一念無明），如何開展成二元相對世界？

動勢一旦趨向於往動靜同在的方向進展，純動及純靜的「絕對」就必然會與之相應。相應的方式就是純動與純靜都忙起來了，純動忙著變化，不變而變；純靜忙著搭建舞台，為純動的變化結果，創造可以容納的空間，以及可以演述其變化過程的時間。純動與純靜雖然忙於變化，二者的自身本體、本然、本在的狀態，卻是並無絲毫改變；此所以說，「絕對」是變而不變、不變而變，是確實可以真實存在的事實，不是一種無理詭辯。

當動勢一旦動向確立，純動與純靜就立即順應而變，這一變化時段是一個極其幻變的階段，說有非有、說無非無；是在似乎是有了新的變化而有，其實還是沒有，說是沒有變化，可是已經有了變化；這一階段是「有有無無、無無有有」的過程，是幻化的過程。這一幻化的階段，用宇宙大爆炸來說，就是暴脹期，從完全沒有時間、空間，過渡到有了時空，那一階段的時空，都是在普朗克時間及普朗克長度的範圍，從0變生到有時空，普朗克時間尺度約為10^{-44}秒，而普朗克長度尺度則約為10^{-35}公尺，空間之小與時間之短，都已到了人類思想難以想像的程度。也就是在這麼短及小的時空狀態下，量子力學容許由無變有，或由有變無，幻化就是有有無無、無無有有，自行變化；過了這個幻化期，動勢的方向如仍然不變，則就進入下一階段。

次一階段，宇宙由暴脹期進入快速膨脹期，也就是空間逐步快速擴張，時間依序記錄下擴張的過程；宇宙由極其微小的點，逐步膨脹變大，這在宇宙大爆炸學說中解說甚詳。這一階段，由心靈的觀點言名為「妙化期」，由微小奇妙的點，逐步演變為更為充實、具有實質存在的具體物質和能夠作功的能量與力量，四種自然力也就在此時逐步成形。

四種自然力的第一種力，即是萬有引力，是二元相對宇宙成形的最重要的力。萬有引力相比於電磁力、核力、弱力，相對而言是極其微弱，但卻是無遠弗屆，遍佈於宇宙空間；宇宙中的萬物萬事都靠此萬有引力而成形成體。電磁力相比於萬有引力，真是不知要強大多少億萬倍，但電磁力不同於引力，開始有了相吸、相斥的變化。這代表電磁力之生起，已經有好惡、親疏、正負的相對面生起。二元相對的比較觀已經開始確立，隨著電磁力的生起而日益明顯。

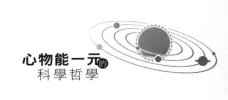

電磁力還有一項特性極為重要，那就是電力與磁力永遠相伴而生，二者性質有同有異；相同處是皆有相吸與相斥的特性，相異處在二者的波動方向不在一平面，而是相互垂直成九十度角的型態。這一垂直九十度的方位變化，把純靜所幻化出來的空間，定型為長寬高三項的立體空間；比平面空間多了無窮無數的變化可能，而又不致於紊亂不定。

強核力是構成物質基礎粒子—原子的主力；弱核力則為一成不變的物質粒

子保留了些許可變的彈性。四力成形且建立出物質宇宙基礎型態的時段，可以用妙化期形容，是一個由無入有的時期；而這一妙化及禪化時段，也可以說是一直延續到今天仍在奇妙無窮的變化中。當然，這長時段的變化並不是一昧地由無生有，也有由有返無的實質演出；若要舉出實例，那就是宇宙太空中不斷地有著新恆星形成，也時刻都有超新星爆炸，便是一個「由無生有、由有返無」的具體實例。

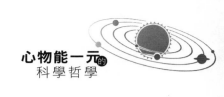

四十一、由心物能一元的「絕對」，如何創造出宇宙萬有？

宇宙間萬物萬事，無一不是由心物能三者因緣彙聚而創生，每一緣生現象都會創造出新的潛在或明顯的新現象。由於如此生生不息，宇宙得以永恆發展下去。宇宙為什麼會依循著數以百計的常數和物理定律，創生出我們所存在的宇宙，而不是另一型態的宇宙，這是何道理？這要從宇宙心物能三種基礎本源說起。

二元相對世間的物質、能量、心靈，在「絕對」就是粒子、波動、整體，在「絕對」僅此三者，再也沒有其他的；但這三者的衍生變化，會在相對世間中千變萬化、萬紫千紅，美不勝收。三者之中的整體，是其後無窮變化的中心。因為整體的全面照顧、整體關懷，就是把每一件新創生的事物、現象再往前推進，走向更為精細、或是更為廣闊的基礎動力；這動力的根源，來自本覺。在「絕對」，粒子、波動、整體三者是唯一的存在，也是唯一「分者為三，合則為一」的存在，不存在的存在。粒子、波動、整體這三者在二元相對世間開展，也就是經由大爆炸產生出時間、空間的瞬間，三者就由合一分化為三，因為空間為三者創建了舞台，三者分別各自展示自己的系列。三大系列便是物質系列，能量系列以及心靈系列，這三個系列就依循宇宙的基本法則，在新建立的時空舞台上各展所長。

首先談談物質系列，依據大爆炸所說，宇宙從一團混亂到開始有了初步秩序，物質粒子聚集結合而有了原子誕生，這已是大爆炸起始後的三十萬年。當時各個類型的粒子在紛亂爆衝中，逐步依從四種自然力推動而有了初步的穩定狀態。電子、質子構成了氫原子，加上中子的參與而有了少數氦原子；這時宇宙中混雜紛亂的各類粒子，開始有了定軌的形態。空間中，紛亂度降低，光子終於可以有了不受干擾的路徑而冒了出來；宇宙開始從漆黑紛亂中生起曙光，宇宙學家將此時段命名為宇宙啟明。宇宙啟明象徵著宇宙有了初步的秩序，也是物質宇宙從此不斷進化，形成最終如今的秩序井然，一切依從自然律運行的宇宙之始。

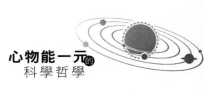

我們如果回顧與檢視，物質宇宙自一百三十八億年前大爆炸開始，到現今這個有架構如網狀的星雲集團所成就的大宇宙總體面貌；我們會不得不承認，宇宙的生成變化好像有一隻無形的手在安排，否則宇宙就不可能在看似紛亂爆衝、毫無章法的起始，走到今天這般模樣。這隻無形的手，或者說這個蘊含高超智慧的規劃者到底是什麼？怎麼能創造出如此精簡、有秩且優雅、省力的成就。

如果我們仔細觀察就會發現，四大自然力是最大的功臣，許多物理常數及定律也功不可沒；就是這些似乎天定的東西，成就了我們的宇宙及太陽系和我們居住並生存於其上的地球。但是這些天定的四力及物理常數，是如何成就的呢？要解開這一難解的謎題並不困難。首先，我們要觀察的是從一個原子到星球如太陽，所有的結構、成長的過程，都是依照粒子、波動、整體這三個基本要素進行；每一過程、每一步驟都毫無例外。

我們現在談的這個物質系列，最重要、最根本的是粒子，一切物質，不論大小，都是由粒子構成。有粒子，就有波動，波動是與粒子併生的，波粒二象性存在於一切粒子身上，絲毫不能更改。有了粒子，就有整體，純物質系列的整體是顯現在萬有引力上，萬有引力就是純物質粒子的整體關懷、全面照顧。在由粒子成長到星球的過程中，整體的全面關懷與照顧，在每一個新緣起現象裡發揮了決定性的效應。整體性在每一個步驟，發揮並顯現相互協調、合作、互助、溝通、架構等等和整體關懷及全面照顧相關的所有作用，這些影響及作用，點點滴滴的匯聚、結合，而成就了今天我們所眼見的一切。

當我們明白了這一點，對於為何會有四種自然力，及數以百計的物理常數和物理定律的來歷，就有了一個朦朦朧朧的答案；整體心、性的作用及不斷地施功，似乎就是這一切疑問的答案。只是整體心、性的所有作為，都是以潛移默運的方式進行，不易為人察覺；更何況，整體心、性在「絕對」是和粒子同等大小，完全不可區分，因為沒有空間，何來部份與全體的分別；這個不可區分的整全與部分，到了二元相對世界，又是隱藏在粒子與波動的背後，難以察覺；因此使人不易明白。這是物質系列的狀況，等到後文談到心靈系列時，那就更要由引幽探微中，找到那隱藏的真相。

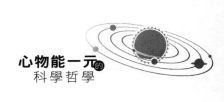

接下來，要談談能量系列，能量最主要的特性是波動，由波粒二象性所組成的能量，粒子是與波動分不開的；有粒子便有整體，能量系列的整體特性表現在均勻擴張，由能量集中處流向四面八方。能量的波動性代表著相互流動、互相溝通；凡有物質處便有能量，能量在向其周圍散發，也是在傳遞訊息及做功；透過整體的作用，全面均衡地流動而達到全面性不分彼此的相互溝通、傳

遞訊息。

能量波動的涵蓋範圍極為廣大，從每秒只有數次到數十次的心靈波動，到每秒百億萬次振動的伽瑪射線，全都包含在內。每秒振動次數越多的波動，表示其所蘊含的能量越大越強；這種高強能量波動，例如X光、伽瑪射線，都是在粗糙物質與物質間傳播，也只有無生命的純物質才能承受。

真正重要並發揮極大作用，而又難以完全理解的是振動極低、每秒只有十餘次到數十次的生命能波；這類波動影響著、維繫著、運作著一切生物的生命活動。低頻率的生命能波，都是在生物體內的精細物質間傳播、運行及活動；生命能波的活動，使生物體內有著種種難以精確敘述的生命活動，小至每一個細胞、細菌、微生物，大到整個人的肉身；每一角落都在進行著能量的交換、運補、辨識和保持活力。

以上所談到的物質和能量的創造性成果，在二元相對世界，物質（粒子）

與能量（波動）所作出的難以數計的各種緣起與創新。總結言之，就是原本在「絕對」的粒子、波動兩個基本型態，在進入到有時間、空間，為它們提供了絕佳的舞台，物與能二者，各自依循基本法則，各自展現所長；因緣聚會，就不斷地以粒子、波動、整體三者合一的方式，顯現或生長在這二元相對的時空環境中，時時刻刻、日以繼夜的往同一方向增長；那個方向就是從最起始的動勢，一直往動靜同在的這個目標前進。萬事、萬物、萬象都是如此，從未有一剎那、一瞬間違背此一動勢方向，並且完全遵照粒子、波動、整體三者合一的基本法則運行。

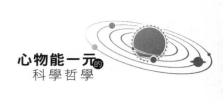

談過了物質和能量二大系列在二元世間的生成發展過程，接下來要談真正的重頭戲——心靈系列的演化過程。心靈系列也就是整體系列，當然是以整體為首要，整體離不開粒子，離開了粒子就沒有整體，這是鐵定不變的基本法則。在「絕對」，整體（心靈）與物質系列的粒子共存，一旦二元相對時空成立；粒子在二元世間發展為物質系列，並且依循基本法則，每一存在，不論大小，都要粒子、波動、整體三者同在；物質系列發展出它自有的粒子、波動、整體，物質系列的整體便是萬有引力，這已在前文中述說甚詳。現在談到心靈系列，整體心要在二元相對世間出現，也一定會有伴隨整體系列的粒子與波動出現於世間。

心靈（整體）系列在二元相對世間的開展，也和物質系列有可以對比之處；我們知道，物質系列的物質粒子由最初的極微粒子，共經過四個階段而終止。那是微中子、基本粒子（電子、質子、中子）、原子、分子；到分子為止，再下來就只是數量及結構的變化與增加，基本形式已經不再改變了。

整體心靈在二元世間也有四個階層的變化，靈子、因子、元神、靈魂；到了靈魂，就只有其內容及形態上的變化，本質結構上已不再改變。靈魂及元神是「有我」的，是以眾緣結合、隨時變異的「我」作為永久的「我」；因子本來「無我」，只是一項存在，在二元世間被意識夥同眼耳鼻舌身等識所迷惑，被意識灌輸「我」的概念，而使得因子在「有我」與「無我」中擺盪。

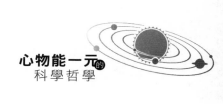

靈子類同於微中子，是一種存在，但不與任何現象、事物發生關聯，只有在最後要回到「絕對」時方才顯現；靈子是在幻化時段最早期的存在，當然也是永恆的存在體，只有在完全回到「絕對」（涅槃）時，靈子或純淨的因子才會消失。心靈系列在二元世間真正發揮重大作用的是因子，因子伴隨整體心結伴顯現，並協同運作。其道理很簡單，整體必伴同粒子，沒有粒子何來整體，因子便是整體心的伴同粒子；只要在相對世間，整體心要顯現並產生運作與作用，就必得有粒子——也就是因子伴同出現。

宇宙萬有就是由物質、能量、心靈三大系列所創生，一切創造及生起的基本原理就是緣起，眾緣彙聚而生起。眾緣之所以彙聚是因為有個根本因，整體心性就是那推動眾緣得以彙聚的根本因；這個根本因深藏於「絕對」，依第一緣起而存在，是不存在的存在。世間萬物、萬象都必須以第一緣起的模式，以眾緣彙聚而顯現；眾緣之所以得以彙聚，就是因為有整體心的默運潛移。

前文講過，宇宙之所以誕生，二元相對世間之所以出現，是因為動勢尋求動靜同體而創生。動勢為什麼會出現？很簡單，因為整體心的存在；有了整體心，動勢就必然會出現。不必原因與理由，也就是説一念無明必然會出現，不必原因和理由；動勢是整體心的必然產物。動勢尋求動靜合一，空間與時間、物質與能量就立即相應出現。為了更清楚的説明心物能三大系列，現在用圖形加以表示如下：

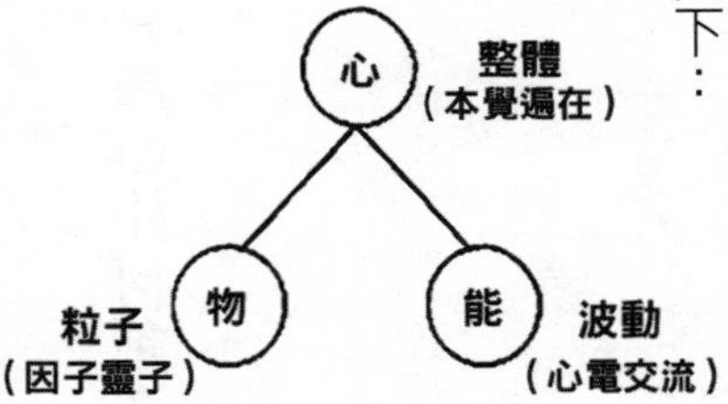

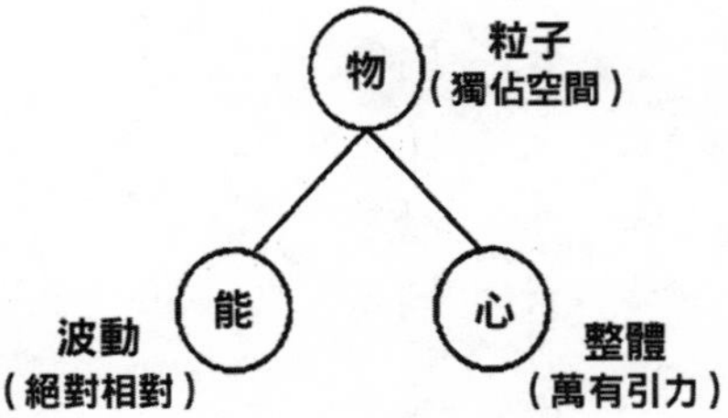

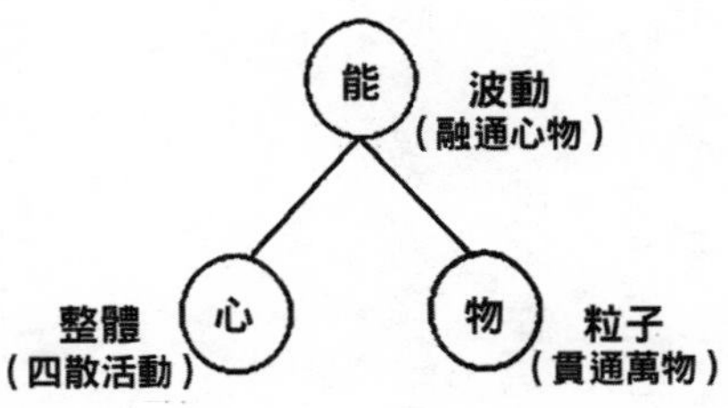

四十二、整體心如何創造萬物？

動勢在以前沒有人能懂，只能用人能懂的東西來說明，現今物理學發達了，用動勢說明「絕對」中的存在狀態（不存在的存在狀態），就不會說出來沒有人理解。「絕對」的純動面有了第一緣起、有了整體心性，這整體心性不會毫無動靜，一定會發揮其整合及關照全體的本性、本能，動勢就必然產生。一旦動勢動起來了，時空（純靜的自然反應）就會出現，而純動的第一緣起本已存在的三項基本原素——粒子、波動、整體——就會隨之而動。粒子的大量湧出，動態能量的大批出現，在極其狹小的空間（若有若無的空間）還是在幻化狀態的空間，宇宙大爆炸哪能不現身。

第一緣起粒子、波動、整體出現，整體心性自然而然的掌控了一切；這是自然也是必然的結果。整體一旦顯現，整體心性的本來自性就會生起作用；整體心性會自然而又本然的關照全體、照顧一切。當大爆炸發生之後，粒子系列依照其本然的自性，生起了種種物質，又由物質的整體自性彙聚集結，構成大型、超大型的星球及星雲群體。

在這演變的過程裡，整體心性運用其整體關懷、全面照顧的本性，在每一個變化環節、每一個細微變動裡，用上協調、溝通、合作、互助等等手段，走向唯一的目標；在動靜一體中，保持著「絕對」的本來清淨自性。能量系列也不例外，在整體心性的潛移默運中，能量發揮著互動、互通、互補、均衡的本性，把物質系列的種種變化，增添了無限光輝及色彩。

整體心靈系列一旦開始運作，一定會有心靈粒子和心靈波動隨同顯現。先說心靈粒子，粒子立即伴同整體心顯現，不必有任何緣由，整體心的粒子最初在幻化期是以靈子顯現，但瞬即轉化為因子；因子是心靈系列中最重要的粒子，一旦存在即永恆存在。除非是該一生命體回入「絕對」（涅槃），如同佛經中所言小乘聖人阿羅漢取證無餘涅槃，完全解脫於二元相對世間，不再出現於世；此時，因子方始歸入整體心不再存在。這是因為在「絕對」的第一緣起是心物能三者共在，整體心的粒子與物質系列的粒子共在，靈子與因子這類心靈系列的粒子，在涅槃「絕對」中並無存在的必要；因為「絕對」中只有心物能三大系列的最原始狀態，心靈系列的粒子在「絕對」中並無立足之地，根本沒有存在的機會及可能。

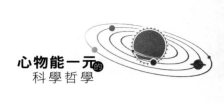

整體心一旦在二元相對世間顯現，則必有心靈粒子—靈子與因子伴同顯現於世；靈子猶如物質系列的夸克或微中子，是存在但非真正完整的存在；真正的完整的物質基本粒子是電子、質子。反映到心靈系列，則是靈子如夸克，是存在卻非完整的存在；真正的心靈系列的存在體，有獨立存在且有功能效用具體發揮展示的是因子，如同物質系列的電子、質子。

整體心系列在二元相對世界之示現，一定是整體心伴同粒子（因子）出現於世，當然波動也會顯現，這在後一段再詳說。心靈粒子—因子伴同整體心出現於二元相對世間，因子是代表整體心的真實存在體；因為整體心靈無形無相，在這世間只是潛移默運，很難為人認知。粒子型態的因子，具有較具體的形相，可以被有高級天眼的人看見；因子再下一層結構元神，就成為更為具體的存在而為一般天眼可見，再下一層則為靈魂，成為現實人類世間生命體的生命中心，可以被一般的鬼神及陰陽眼所見。當靈魂成為有情生命體的靈性中心時，也必伴隨著較為粗重的生命肉體共同存在，肉眼只能看見物質肉體，看不見靈魂。

整體心系列的較具體存在粒子——因子、元神、靈魂，不被一般人所重視，只被有宗教信仰的人所承認，各個宗教所取用的名詞也許有異；但普遍承認在人的肉身內，還另有靈性的主體，名為靈魂、靈性或靈體等名稱的生命中心體存在；人的肉身可以因病而死亡腐壞，靈魂並不隨肉體死亡，會繼續轉往別的生存場所，例如天堂或再轉世為人乃至畜生、鬼神的方式存在。

由於物質科學的發達，近百年來，也有很多人相信，生命只有這一世，沒有靈魂轉世的事情，視靈魂轉世是一種迷信，不符合科學原理；這一類人相信心靈、靈性是由物質進化而來，這是眾多科學家的普遍認知；這種認為靈魂是迷信的想法，才是真正的迷信，一種對心靈真相認識不清的迷信。

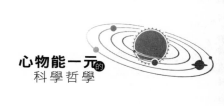

科學早已證明物質和能量都是不滅的，只是轉換或改變其存在的型態而已；那麼為什麼心靈、靈性或靈魂（包含元神、因子）就是可滅，可以只是短時存在而後就永遠消失。生命的根本是不滅的，一如物質和能量一樣，生命、靈性、靈魂也有著靈魂不滅原理，這是不可以用否定而使其消失的。

生命、靈性隸屬整體心性系列，不同於物質及能量系列，靈性系列相比於物質性的質量及能量是極其微細、精密，而不可用一般的機具加以測量；但生命能量、生命波動、生命粒子早已被較為精細的腦波測量及核磁共振等儀器所完整測出。當人死亡時，這些生命波動、脈動即行消失；但不是滅絕，而是經由整體心性的轉化又在另一適當場所再行顯現，只是不為一般人所理解而已。

生命是永恆的，一如物質不滅原理，生命也有其不滅原理。生命也一如物質一樣，此處壞滅又轉化為另一型態繼續存在。生命之得以永存不滅，在於整體心的無所不包與無所不在；因為無所不包，所以可以再依其所包含的內在生命種子而展現新生命；因為無所不在，所以可以在全宇宙間有形、無形的生存空間裡，繼續顯現新生命。

生命、靈魂、靈性的永恆不滅只是轉變其存在的形態，可以稱之為靈性不滅定律。靈性可以轉換其存在形態，但不會消失。靈性自身的型態可以是靈魂（一般人的靈體），可以轉變為元神（修道、修仙、修長生不老、修自我長存的靈體），更精微則轉化為因子（生命單元的最基本型態），因子永不消滅，除非回歸「絕對」（涅槃）而與整體心合一。在「絕對」只有心、物、能三者的最根本的形態，只有整體、粒子、波動這三者存在，別無他形態。

在三個最根本的形態，因為無始無明及一念無明所形成的動勢，希求動靜同在的願望而成就的最原始之念，進而爆發形成時間、空間；這時候心物能三者成為三個系列而創生萬物、萬能與萬生，億萬種生命原型由此而生。創生的過程，已在前面幾段文字中說明了個大概，真正要知道詳情，可以參閱宇宙科學、近代物理學、生物學、神經科學等各類科學新知，只要認清楚以下二點，不要被現代科學所誤導就沒關係了。

這二點是，一、心靈不是由物質進化而成，是本就與物質、能量的最原始形態共同存在。二、宇宙間萬事、萬物、萬生，一切萬象都是由「絕對」演化而來，「絕對」演化生起萬象，但「絕對」自己不生不滅，仍是其原本狀態；「絕對」從來不曾有所生起及變化，故「絕對」是不生不滅、不垢不淨、不增不減、不有不無的。一切變化及生滅都在相對境界中顯現，相對境界是一個充滿生滅、動靜、垢淨、增減、有無的時空境界；這一切境界都來自於「絕對」，但「絕對」自身無任何變動，但又不離一切變動及一切境界，「絕對」就在一切境界中。離開境界也就找不到「絕對」，凡是自以為找到「絕對」、回歸「絕對」（涅槃）的人，其實是實無所歸。

四十三、什麼是從「絕對」到「相對」的綜合說明？

前文許多篇幅都已說明「絕對」的內涵及「絕對」如何演化為「相對」的過程，由於是分別以各個問題的答案來說明，相互間的連貫性不免有些欠缺。現在將之綜合成完整的簡要敘述，以利讀者整理思緒，易於了解本書所言之各項重點。

一、「絕對」是真實存在的，愛因斯坦的狹義相對論已為此提供完整的說明。

二、「絕對」在古代是不可思議、無從理解。時至今日，由於相對論及量子力學的發展與發明，已使「絕對」變為較可思議、較易理解，但若無突破性的發現，僅靠近代物理學的內容，是無法和哲學完整地連結在一起。

三、由於本人在三十多年前於偶然中，突然悟通本來真心的真實面貌，真

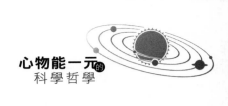

心就是整體、整體心、整體性，才使心物能一元的科學哲學有了根基。

四、狹義相對論說，光速為「絕對」值，光速運動的時間、空間皆為0，時空完全消失。

五、光在光的境界中，沒有空間及時間，也就沒有速度可資比較，而光速為一定值；故在光的境界裡，所有的光子都以同一速度運動，等於是沒有運動，光其實是一純靜無動的存在。

六、所有的光必須以光速運動，否則即落入次光速的相對世界，光在光的境界裡必須永遠以光速運動，是一純動無靜的。

七、由上二條可知，光存在於純靜又是純動的「絕對」狀態。

八、光具有粒子（光量子）及波動（光波）的雙重性，是即量子力學中所稱的波粒二象性；量子力學告訴我們，「絕對」是粒子與波動二象共存的境界。

九、有粒子就有與粒子相關的整體，在「絕對」，因為沒有時間、空間，故整體與粒子不可分，粒子等同整體，整體即是粒子。在相對世界，粒子與整體分立為二，兩者才有完全不同的內涵與意義。

十、既然量子力學已經告訴我們，在「絕對」就有波粒二象性，也就等於是告訴我們在「絕對」就有粒子、波動、整體三者存在，「絕對」不是空無一物。

十一、波動、粒子、整體是如何在「絕對」存在？答案就是以本書中所說的第一緣起方式存在。就第一緣起而言，純動是根本因，由粒子、整體與波動的因緣彙聚而成就第一緣起，其實並非如此。

十二、在「絕對」，並無時間先後的區分，第一緣起的波動、粒子、整體是同時俱在，無有先後。波動、粒子、整體所成就的第一緣起就是根本因。第一緣起並非是純緣起，第一緣起是既是緣起又是根本因。

十三、在「絕對」，純動就是純靜，純靜就是純動；然而純靜有純靜的內涵，純動又有純動的內涵，二者相同又不完全相同。若要表示其間的差異，文字比較難以說清楚，用數字可以作一簡要說明。0是純靜，1i是純動，但1i無法單獨存在，1i↓2i↓3i也就是波動、粒子、整體三者俱全的第一緣起。數字表示則為0↓1i↓2i↓3i↓0。進而表示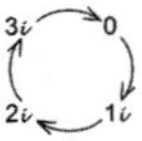

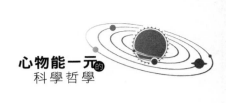

，再深言之，

是雙向的。

十四、凡緣起必創生新的狀態與意涵。第一緣起所創生的是本覺，是整體心自然而然產生的新狀態，本覺就是全面關懷、整體照顧。

十五、整體心、性所創生的本覺，並不僅在整體心、性內起作用，在物質（粒子）與能量（波動）系列都有其重要功能作用。物質系列的本覺作用便是萬有引力，能量系列即為均勻散發。

十六、並不是只有整體心、性系列有其本覺，能量與物質系列也各有其本覺，粒子系列的本覺便是空間獨佔、萬有引力；波動系列的本覺便是聯通萬有、涵容一切。

十七、「相對」與「絕對」不是斷然分隔為二、互不通流的二個境界與世界，二者是二而一、一而二。

十八、眾生在「相對」世界中千變萬化，遺忘本真，變的有家（「絕對」）歸不得，而「絕對」卻是遍在於一切「相對」之中。第十五、十六點中所講的本覺，都是指在二元相對世界所顯現的本來就在的覺知了別；這些本覺在「絕對」就只是本覺，本來清淨所具有的自性，不可用任何語言對之說明。

十九、光及電磁波存在二元相對世界的任一點，遍一切處；故「絕對」在「相對」中，離開「相對」世間，「絕對」也就無影無蹤；凡是灰身泯智，用盡一切方法，想要離開「相對」世界而回歸「絕對」，其實是實無所歸。

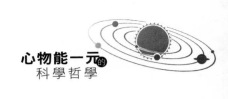

四十四、什麼是「相對」與「絕對」的綜合說明？

上一問是以「絕對」與「相對」為主題作一說明，本題則是將「相對」與「絕對」同時呈現。

一、「絕對」一切皆明，除了光之外，別無他物。因為太明了，反而明極而無可明，成就了無明；這個無明（明極而無可明）存在於沒有時間、空間的「絕對」，對時間言，根本不存在，沒有開始，故而稱為「無始無明」。

二、常聽人說，是「一念無明」開創了這個宇宙（二元相對世界），什麼是一念無明呢？在宇宙創生之前的「絕對」狀態，根本就沒有「念」，念是在二元相對世界成立之後的產物；用一念無明去形容開創宇宙萬物的無明，是因為動勢已具有方向，動靜合一的方向，已有力的含義在內，符合一念的內含。現今物理學發達，動態、動勢已經較為普遍的為人所知，宇宙創生出於動勢。

「絕對」有純動及純靜，但二者不可合一，嚮往動靜合一的趨勢就會自然而然的產生，動勢就是趨向於動靜同在的趨勢，這一趨勢無可阻擋乃必然的走向。無始無明與一念無明都是動勢的異名。

三、「絕對」是超越時間及空間的存在，動勢一旦在「絕對」中成形，動勢就是超越時間及空間限制的永恆存在。動勢會永不停息的驅馳動靜同在的二元相對世界不停地誕生，宇宙大爆炸永無停息之時。

四、動勢一旦創生出二元相對世界，無始無明及一念無明便是在二元世間，用以形容生起於「絕對」的動勢，所作的最佳寫照；這二個無明，道盡了二元世間與「絕對」之間的關聯與無盡緣起的起始點。

五、二元相對世界一旦經由宇宙大爆炸而成立，心、物、能三大系列各別成就。物質、能量二大系列的詳情，讀者可透過閱讀相關文獻而知其概略，只要不被誤導即可。

六、心靈系列的整體心、性，承繼了動勢的方向，而念念分明的步向整體真心的終極目標：整體關懷、全面照顧。永恆的全面照顧及追求動靜同在，就明顯地存在於整體真心的永恆動力之中，永動不止，非達成目標永不停止。目標就是一切有情眾生皆成正覺；成正覺也就是一切眾生、終必成佛的意思。

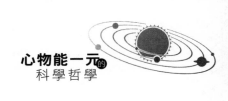

七、「相對」離不開「絕對」，失落「絕對」，「相對」立即滅失。「絕對」也離不開「相對」，沒有「相對」，「絕對」也無有蹤跡。

八、「相對」與「絕對」雖說是不即不離，不一不異；但二者之間的關聯有其不同之處，是絕大多數有情所迷惑與認知不清的。「絕對」清楚明白地存在於「相對」世間，但大多數眾生都不知不曉，完全被二元「相對」世間的萬有萬象所迷惑。生存於二元世間的眾生以為二元現象便是一切，沒有永恆不變的「絕對」；只有隨時變幻虛妄的「相對」現象。眾生不知不曉有「絕對」，就會永遠迷失於虛妄假相之中，輪迴六道，永不休止；卻不知道，支持眾生輪迴不休不止的，就是那永不滅失的「絕對」，真正是日用而不知。「絕對」一分一秒都未離開「相對」。

四十五、什麼是「絕對」與相對的關聯？

絕大多數的有情眾生不知不解「絕對」，以為「絕對」和我們的生存世間以及每個人的生命毫無關係；其實這是一個非常嚴重的誤解，主要是受到多年來對「絕對」的無知而產生的後果。從亞里斯多德的時代開始，就把「絕對」排除在他的哲學體系之外，到如今已經習慣深厚，成為理所當然；根本沒有人再考慮，哲學是否應該將「絕對」排除在外。

在量子力學的最基本原理波粒二象性，被理論及實驗證實之後不久，又有位物理學家提出波動與粒子合一的現象，應該不限定於光子，應該是每個物質所同有的現象；也就是說，所有存在於世間的物質（粒子）都有波動現象，並且得出計算公式，物質質量越大，也就是物質越重，其波動就振動越快速。一個電子的波動頻率比不上一個原子；而地球的振動頻率遠遠比不上太陽，太陽

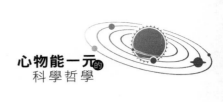

的質量是地球的億萬倍，照計算，太陽的波動頻率就會是地球的億億萬倍。

波粒二象性雖被實驗證實其真確，但波動怎麼會和粒子共聚一體，一直困擾著物理學家；其中最為難解的就是，粒子是凝聚在一起的堅實存在，而波動是一種時時散發到四周空間的存在；這二種截然不同的現象，怎麼可能同在一個物體上共存？而又不會使物質的質量日漸減少，終至消失。因為波動本來就是會帶著能量向四周擴散，粒子豈不會日漸消瘦；但是奇怪的是，粒子並沒有因為具有波動而散漫開來。

物理學家為了解釋這種難以用一般常理說明的事實，只好把粒子所具有的波動解釋為駐波或相位波；也就是一種可以在狹小範圍內，長久存在不會消散的波；認為如此一來，就可以解決波動與粒子同在一體而又不會變動消散的難題。

其實所有的物理學家都明白，這樣的安排，也只是不得已的唯一安排；雖然言之成理，但是並沒有對波粒二象性這一宇宙最基本的實像，作出什麼有特別意義的貢獻與說明。

那麼波粒二象性到底是怎麼一回事，除了心物能一元科學哲學中所說的第一緣起，動要動起來，就必須有粒子作為動的主體，這一不可取代的堅定事實之外；波粒二象性難道就沒有其他的重要意義嗎？當然不是，波粒二象，波動與粒子結合為一體，還有一個非常重要的事實真相，那是至今尚不為人注意到的。

波動的顯現如果用正弦波表示，可以用下圖（圖一）示意。正弦波動永遠是一半在上象限（第一象限），一半是在下象限（第四象限）如圖一所示。大家也習以為常，認為一定是如此，不可能有別的方式存在。如果進一層思考，光子和光波是既在二元相對世間又在「絕對」，那麼光子及光波是如何存在於座標圖上呢？第一象限（左上方）是相對世界波的型態，

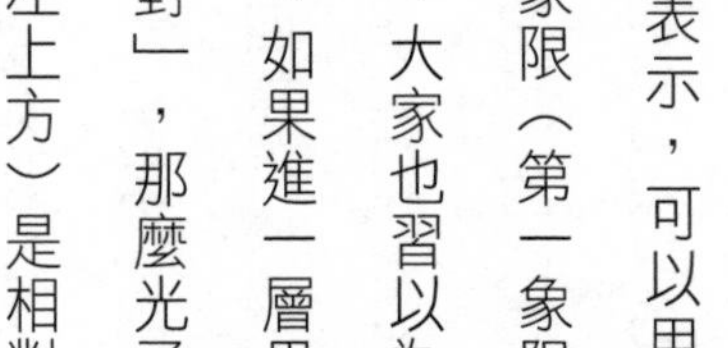
圖一

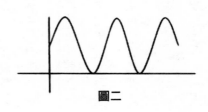

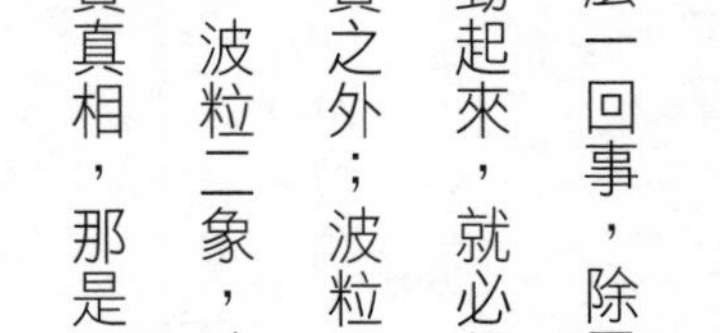
圖二

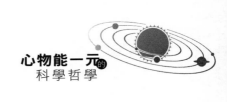

正如圖所示。但光在「絕對」又是如何呢？

如果在第四象限（圖右下方）表示「絕對」，光在「絕對」又當如何呢？「絕對」沒有時間與空間，第四象限內的圖形能夠像第一象限那樣畫成正弦波？顯然不行；時間、空間軸都不存在，如何能像第一象限那樣畫法。第四象限內應該什麼都沒有才符合「絕對」的狀態，也就是應畫成如圖二。波動只能顯示在第一象限的二元世間，在第四象限的「絕對」內應該是無波可畫，如圖二。「絕對」既然沒有時間、空間，在象限圖上當然也就無從顯現，也就是只有一片空白。

光子與光波存在於「絕對」，這已是不爭的事實，然而照上面所說的情況，在第四象限內，並無任何痕跡可以顯現；說的更明確些，第四象限所表述的「絕對」，根本不存在於第四象限的時空中，第四象限的時空有別於其他時空，只能用虛時間、虛空間表述。

虛時間、虛空間只有數學上的意義，在實質上只有0表示最為接近。「絕對」本不可描述，凡有言說，皆非真實，此所以佛陀說法四十九年而竟然未說一法。以虛量、虛空間、虛時間所表明的只是近似的想像，越來越接近那不可言說的東西而已。再進一層說，一切存在是在二元與「絕對」中躍動，質量越大，躍動越急。真實的狀態由上述的說明，已很明顯的告訴我們，「絕對」離不開「相對」，「絕對」就在「相對」中；沒有相對，「絕對」也一無所有；只剩下那個整體、粒子、波動的原型，也就是心物能的最根本狀態。前文已經說過，整體、粒子、波動的原型所自然生起的動勢——追尋動靜一體的動勢必然產生，相對二元世間也一定會生起，「絕對」與「相對」合一的存在形態永不消失。

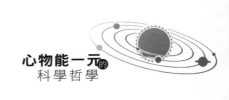

四十六、什麼是「相對」中的「絕對」？

二元「相對」世間的任何存在，都離不開整體、粒子、波動這個「絕對」的基本原型，電子、質子、原子乃至於地球、太陽、星系都一樣，都不能任何剎那可以離卻這個原型。不僅物質、能量，乃至一切有情所具有的靈性都是如此，一分一秒都不能失卻這個原型；只有物質、能量與靈性的存在狀態會改變，這一原型永不更易，也不可剎那失去。此所以古人會說，道不可須臾離也；真正的道，是永恆不易的顯現在一切萬物、萬事、萬靈身上。也就是一切物質和能量以及心靈、靈性，都是在「相對」世間及「絕對」之間躍動不停；心、物、能都是既在「相對」世間又在「絕對」，且永不停止此一躍動。

四十七、什麼是心物能一元在二元相對世間的架構？

將第四十一問的心物能三大系列的圖形，重新排列如左：

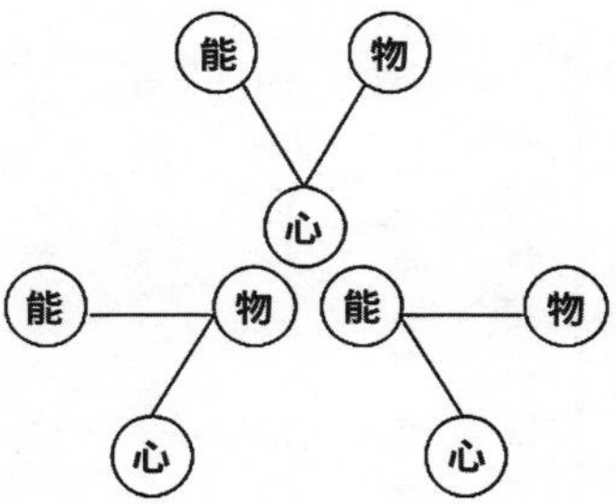

將上圖向上一提就成為立體的三角錐如下圖。三角錐內是心物能俱全的二元相對世界，三個面分別是心物面、心能面、物能面，這三個面代表著心物能三者不齊全狀態下的一種不存在的存在；從二元相對世界的立場是沒辦法觀察到這三個面，因為這三個面是心物能三者不齊全的面。

三根主軸分別代表心、物、能三個最根本、最原始的心物能原型，當然更加不能被眼耳乃至意識所觀察。雖然三根軸與面都

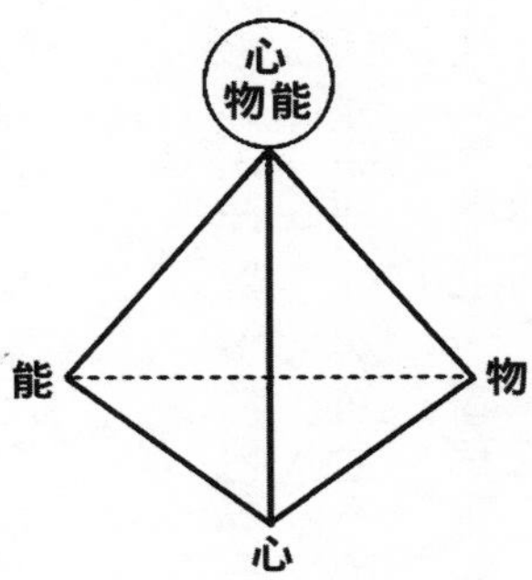

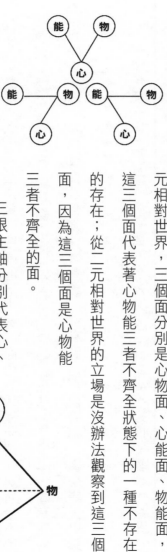

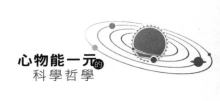

不能被觀察到，但冥冥中是存在的，只是無法用言語文字加以說明而已。就是這不可說明的架構，構成了心物能一元的實體顯現狀態。

三角錐內空間即是二元相對世間，如照佛陀所說的慾界、色界、無色界三界而言；慾界六道當在三角錐內空間的下半部，而色界諸禪天則依次而上，第四禪天依理可能是在角錐頂點；而無色界就有可能是在心能面上，因為無色（無物質）嘛；不過講這些都沒什麼意義，沒有到達那個境界，講來講去也只是猜測之詞，不值得多說。

可以再補充數語的是，心物面有可能充滿了許多心物之間的哲理，這些哲理由於欠缺真能在其間溝通交流，而無從顯現於二元世間，一旦有人觸動了其間的內涵、溝通成功而發為思想意理，這可能就是哲理、文學、藝術、音樂、繪畫等等領域所謂的靈感吧！至於物能面，顯然就是物質科學的領域，其間可能含藏了無盡無量的理論及實際體驗實證，等待科學家去發掘，開創出新的智能、學理技術及應用，以造福世人。

談到第三個心能面，前面已說過，有可能是無色界的所在，是修禪者誤入迷途的一種顯現，不值得多說。心能面所欠缺的就是物（粒子），一種具體顯現在相對世間的實質存在，心能面所儲藏存有的正是無可限量、無以比擬的心能所潛在待發之處；如果找對了路子，就可開發引領出龐大的心能神變，感通十方，所展現的就難以盡述及限量；但是前提是一定要找到真心及真能，這樣的心能面才是真正無可限量的潛在寶庫。

如果不懂得找到真心、真能，而以虛妄的意識心或以有限的力能代替之，則雖然也能引發神通，比起由本覺所顯發成就的神通，意識能夠成就的也只是九牛一毛，而且還有極大的負作用，難以全身而退，實在不足為法。

談過了三個面，接著談談三根主軸。心物能三根主軸在三角錐的圖形上，是由二根軸線重疊在一起而成，其中含義可以代表上達與下行；身在紅塵相對世間中，都有著心物能這三根主軸，無一眾生、無一有情可以例外；除了無色界的存在者，不在此限。

三個主軸是眾生由「絕對」依動勢而生的三個主體型態，由「絕對」下行出生種種心靈、物質、能量的各色各種狀態；眾生就依之而行，依之而生存發展、變化及成就種種生命型態，其中包含了無窮無盡的不同樣式形狀，眾生輪迴在其中樂此不疲。一切有情眾生在本能裡，也天生的具有追尋本來，探討宇宙及生命的來源，尋思這一切生死苦樂，到底是為何而來？為何會有？這種探求生命本來、本在、本有的內在動力，也是與生俱來、不假人手；不必從後天的學習引生，而是本來天生就有的；這就是主軸中的上達。

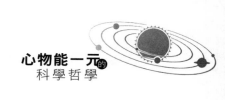

上達與下行始終不變、永世存在，一直不斷地上下脈動；這就是萬物、萬象、萬事與萬種生靈皆所俱有的本性；永恆地上下躍動不止，由「絕對」而「相對」，又由「相對」返於「絕對」；波粒二象性就是這一脈動的真實寫照。

四十八、什麼是二元相對世間生起變化成就的根本？

萬事、萬物、萬靈的最終根本、最起始的源頭，就是超越時間、空間的「絕對」，前文已經敘述了很多，現在再綜合的以要點方式說明。

一、「絕對」不是一項空洞的名詞，「絕對」有其豐富的內涵。

二、「絕對」有純靜與純動二個面向，但兩者只能交替存在，只能純靜或純動；不能純動、純靜同時俱在。「絕對」既然是沒有時間的存在，說純動、純靜只可單獨存在，不可同時俱在，是說不通的。用有時空的相對觀點來說「絕對」，本來就沒法言說，此所以有「開口便錯、無可言說」等語句。所有言說只能於言說中實無言說，如是而已；只有如此，始可略說。

三、在「絕對」中，顯示純動，就得由0轉化為1ì＝2ì＝3ì，也就是動要動起來，就得動自己幻化為粒子，有了粒子，動才能動起來；有粒子就有整體，一旦動起來，那就波動、粒子、整體三者齊全。純靜與純動的三個變化，都在沒有時間的狀態下成就，也就分不出先後，純動（0＝3ì）與純靜（0）是沒有時間先後的存在，而又不是同時俱在。

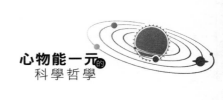

四、波、粒出現就有整體出現，也就是第一緣起出現，必然就有整體心、整體性的出現，也就有本覺存在；這些變化是在不變中變化，是不變而變、變而不變；在「絕對」，沒有變化前與變化後的分別，變化前後二者不存於沒有時間的「絕對」。波動、粒子、整體、整體心、整體性、本覺，以及第一緣起存在於「絕對」；存在於「絕對」，就是存在於「絕對」，如此而已，別無可說。

五、當「絕對」有了純靜、純動，純動又有了波動、粒子、整體及第一緣起，因為有第一緣起而有了整體心、性與本覺；這些內容又必然導引出一項結果，那就是追尋動靜合一的動勢；動勢是必然而生，必定生起出現，不必要有任何理由的。

六、在「絕對」，明極而無可明，因明極而生無明，此無明從來沒有開始之時，故曰無始無明。

七、動勢之追求動靜合一，是一項無明的盲動，是無緣由、無可言說的自然而動，一旦動了就永不停止、永恆持續；這一動創生出動態、靜態、動靜合一態，皆由此動勢一念而起，也就被稱之為一念無明。實質上，是無念的一念。

八、「絕對」可以有動態、靜態，但不能有動靜合一態；動勢追求動靜合一，就從「絕對」裡跳出；而在動靜合一態中，生出相對靜止與相對運動，也就是在沒有空間中生出空間；有了空間就自然而有時間。空間由純靜轉化，相對運動狀態由純動、動而不動中生起。

九、「絕對」的純動有波動、粒子、整體三大原型，由不動而動裡，生出動而不動的相對動靜合一的新狀態。首先講粒子（物質）系列，本著物質所特有的獨佔空間本性，在動靜合一有時空的狀態中、顯現出各種各樣的物質，雖然物質的種類繁多，但不外乎可以用固態、液態、氣態——所謂的物質三態加以區分。較為粗重的成為固態物質，如土石砂礫。較為精細的則為樹木花草，其中已非純固態而含有大量的水份液態。至於更為清輕柔和的，則顯現為液態和氣態如水與雲氣等等。總之，萬物皆由「絕對」的粒子系列變生，但揉入部分波動能量系列及整體心識成分；這個有形有相的二元相對世間，是由「絕對」的最原始、最根本的波動、粒子、整體三大系列所變化生成。

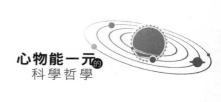

十、「絕對」的波動（能量）系列為二元相對世界，帶來了冷熱寒溫種種變化、能量與力量的交互流通作用，可以改變物質的三態，由固態而液態而氣態只要有足夠的能量參與其間。反之，能量的流失也可使物質由氣態而液態而固化。這個二元相對世界的物質與能量結構，組成了有形的物態，為一切有情生命提供了物質體性及生態。

十一、一切有情生命的根源，也一樣是來自於「絕對」；「絕對」的整體系列所本具的本覺精明，為世間一切生命賦予了靈性。靈性的變化可簡述為四個階段，即「靈子、因子、元神、靈魂」，如同物質系列由最原始的基態，演化四個階段：微中子、基本粒子（電子、質子）、原子、分子，到分子也已經可以千變萬化，組成數以百萬千萬計的各類不同分子；為相對世界的物質組成提供了足夠的支撐。同樣的，靈性單元發展變化到了靈魂，靈魂的種類也已經有了千百億萬種型態及內涵，已經足夠為生命在各種環境內生存及流轉之用了。

十二、整體心性必伴同粒子性的存在體同時顯現，在「絕對」，可以不必有心靈粒子而以物質系列的粒子取代；但到了二元相對世間，三大系列要各自發展、演化、顯現其本有的特性、特質；就必須有其自有的波動、粒子、整體三基本要素，才能夠符合第一緣起的必要條件。我們一定要記住，二元相對世間之變生，必須遵行「絕對」的原有基本型態，也就是一切要以緣起方式成形、成體；二元相對世間的任何存在都不可以逾越此一法則，都必須遵守宇宙基本法則。也就是在每一個現象，每一存在都可找到波動、粒子、整體這三樣基本東西。當整體要顯現在二元相對世界時，就會有心靈粒子伴同生起，不須任何緣由。心靈粒子所本具的波動，也會同時顯現，是以電磁能波顯現。

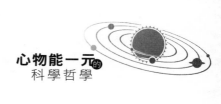

十三、二元世間的一切現象、一切存在都來自於「絕對」，物質、能量、心靈都由「絕對」演化而生。物質和能量二大系列的演進變化軌跡，已經被各種科學，特別是近代物理學研究的相當清楚；可以說一貫脈絡都已呈現出來。對於心靈系列，則由於找不到真心是什麼？又誤以為心靈是由物質進化而成；這一錯著把心靈科學弄的滿盤皆輸。主流科學家只要接受本人所主張的心靈是整體、整體心、整體性這一理念，循序而進，相信不久之後，心靈學問就會大放異彩，也會進一步的推進人類整個思維層次，提升人類心靈內涵；而讓人類的精神文明內容大為躍進。

十四、本文一直在說光、光子存在於「絕對」中，這只是一個假借的說法，用以說明「絕對」的內涵；嚴格說來，只有波動、粒子、整體這三種原型，以光速存在於「絕對」中。光波與光子存在於宇宙開門的幻化境界內，以及其後的宇宙二元相對世界中。至於本來清淨自性的「絕對」，只有三種原型存在，而此三種原型，最直接的顯相便是光，故而說光存在於「絕對」，又並非誤說；光波、光子與「絕對」三原型，本即是非一非異，二者本不可分。「絕對」就是「絕對」，不可把「絕對」定形，此所以是無說而說，於不可說中，廣為言說。

十五、再進一層的敘述心靈系列在二元相對世界的演變如下：心靈系列與物質、能量二大系列共同演生變化，逐步演進形成今日我們所生存的世間物質環境及我們的肉身和心靈。三大系列分工合作，成就了現下的一切，但其中最主要的作用體是一、追尋動靜合一的動勢。二、具有全體照顧、全面關懷的整體心、性。三、第一緣起所構成的緣起創生法則。這三點是永遠不改、不變、不停的創生原則，是永恆不變的永動機。每一緣起又帶出新的創造，是為本覺之覺。

由此我們可以清楚的知悉，這一切現狀的根本在於整體心、性，是整體心、性的整合協作、全體照顧，加上能量的溝通及物質的獨佔空間；由這些最基本的心物能特性特質，所共同運作而成就這世間一切。雖然物質與能量系列也作出其貢獻，但這一成就的最主要的源頭是整體真心，則是沒有任何疑義的；是故佛經說：「三界唯心，萬法唯識。」是最真實正確的說法。要特別提醒的，這個萬法唯識的識，在佛法是指第八識如來藏阿賴耶識；從心物能一元的科學哲學觀點來看，這個識就是整體真心。

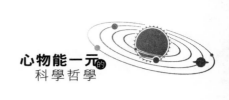

十六、佛經所說的心識，從本書的立場而言就是整體真心。整體真心要顯現在二元相對世間，必定伴同心靈粒子（靈子、因子）一起顯現，這是宇宙法則的定律，不需任何理由。整體真心可以比喻為電腦的雲端儲藏庫，可以存入不計其數的資訊，不會滿溢；對於儲入的內容也從不揀擇挑剔。伴隨的心靈粒子，是以靈性的角色顯現在二元相對世間，也以整體真心的代表人自居，其本身不知不認為是主控者、是我，但被意識所左右，而以為自己就是我體，是靈性、生命的主體。其實心靈粒子並非真正的主體，在回歸「絕對」時，也沒有存在的餘地；只有整體真心才是真正的主體。

十七、所有的相對存在，不論是小如一粒電子，大到地球、太陽，都是瞬息剎那不停的在「絕對」與二元相對世間躍動的存在，越大越重的存在，它的躍動頻率越快越急速。物質是如此，能量也是如此，心靈靈性粒子也是一樣，也是在「絕對」與現象世間躍動不止。只是頻率比起物質粒子要緩慢很多、很多。

寫到此處，靈性敏銳的讀者也許會生出一個疑問，整體心的代表者，靈性粒子在躍動不已，整體真心是否也是在躍動？答案是整體真心在「絕對」是整體，在「相對」也是整體，「絕對」、「相對」都是整體；是動也是不動，是動而不動、不動而動。對整體真心而言，無所謂的「絕對」與「相對」的區別，全部都是整體，在「相對」是整體，在「絕對」也是整體，無有差別，但也不是一無差別。在「相對」，整體容納萬有、萬象、萬生，無有一絲一毫漏失，在「絕對」則一無所有，除了前面說過的三大內涵。

十八、此外，還有一個值得探討的領域，那就是數學的有效性，在相對二元世間，數學是一項利器，可以正確描述各種現象狀態及物質關係，即使用在人文科學，似乎也是相當得心應手。從古希臘時代，數學也早已運用於哲學的探討，許多哲學命題也都引用數學作為辨證工具；到了近代，數學在哲學根本原理上的探討，更是使用頻繁。但也在此時，數學家們發現越往數學的根本追索，越得不到真確肯定、沒有疑慮的答案，數的根源似乎是在正反二面都可以成立的狀態；在數的根源、數的真實含義、智慧與數學的關係，乃至於應用層次，電腦與人工智慧等皆有類似的現象，這讓數學家困惑，但又無能為力。

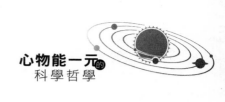

其實這已涉及到數學與哲學的根源問題，也已經步入到宇宙人生的最根源、最真實的問題。宇宙人生的實相是「絕對」與「相對」連在一起，不可分割，須臾不可離分；人類不知此一宇宙最大奧秘，認為相對世界與「絕對」沒甚關係，更自作聰明的把「絕對」摒除在哲學之外。不知離開了「絕對」，相對世間連一剎那都不能存在，瞬間會消失的無蹤無影。前文說過，數學只能到達二元世間的頂端，「絕對」無量，無量即無數，數學到達不了「絕對」。

由「絕對」到「相對」的下行程序是幻化期、妙化期、禪化期。前文也已說過，幻化是有有無無、無無有有（也可以是真真假假、假假真真，是是非非、非非是是，虛虛實實、實實虛虛），妙化是由無入有，禪化是由有生無。以上是簡說，如把上達與下行合而說之，則是幻化有有無無、無無有有，亦有亦無、非有非無。妙化當是由無入有（下行）、由有返無（上達），禪化是由有生無（上達）、由無生有（下行）；這裡面還含諸多微妙之處，一時說之不盡。數學既要窮本溯源，最終會從有入無而由妙化進入有有無無、無無有有的幻化狀態，那就找不到真正不變的答案了。世人好說真理，真理只是一個想像的概念，由意識思想溯源進入到是是非非、非非是是的階段，就沒有真理可言，一切都只是變化的軌跡，只可說是變理。如果一定要說永恆不變的真，那就只有在「絕對」才有真；然而「絕對」沒有數、沒有量，更沒有理，如是，如是而已。

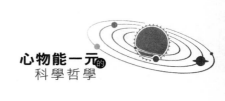

四十九、什麼是心靈系列的演進過程？

心靈在二元相對世界的演進變化，依照幻化、妙化、禪化的三個階段，把心靈在二元相對世間的作用具體落實下來。幻化期、物質、能量、心靈三者都還在似有還無的虛幻狀態，物質粒子固然在虛幻有與「絕對」無之間振盪不已，能量波動也是似有還無的躍動中，這時心靈的整體性發揮了巨大作用，整體真心正式在時空中展開，而與心靈粒子完全分立。

所謂完全分立的意思，是指整體真心在「絕對」中是隱而不顯的，和粒子物質系列密不可分；到了二元相對世界，原本在「絕對」的粒子原型，獨自發展其物質粒子系列；整體在二元世間顯現，並伴隨著整體的心靈粒子出現，粒子型態的心靈粒子（因子）有其獨立自主的存在，並且由於粒子的特性而可以集中作用於整體的效應顯現。

所謂的粒子特性，在物質粒子即是特有的空間獨佔性，在心靈系列的粒子即是在無我狀態的自我作主作用；因子有其特有的自我作主性質，雖然此時的因子仍然是保持著「絕對」的本來面目，並沒有自我這一概念，而只是存在而已。

再進一層進入妙化期，物質系列已進化至原子階段，此時心靈也已開始確立自我的存在；因子不斷地被意識灌輸有個自我主體在掌控一切，而因子剛好是作為整體心性的代言者、代言人，代表人和自我主體之間，也就是只有一步之差；於是因子本為無我的特性被洗腦轉換為有我，因子就在有我與無我中擺盪，不管是有我還是無我，因子總是伴隨整體心而顯現；心靈系列的初步架構已然成形。

眼耳鼻舌身意，前六識之生起，一定是和肉身的成長同步進行；十月懷胎期間，眼耳等肉體器官成長完全、發生作用；意識就會在因子的作用下，經由前五識的協同，從整體心識中早前儲存的、與意識相關的資訊被傳送出來，意識即得以成就。

這段文字所言，是現代生命科學所難以理解的，何以在肉身各個器官間所傳遞的微弱電波，為何會轉化為眼所視見、耳所聽聞、鼻所嗅覺、舌所嚐味、身所觸受的種種感知；以及意識的進一步的分析、整合、評判所展現的資訊與圖像。這些體感和意識了知是如何產生的？這是現代生命科學所難以了知和不知如何解釋的難題，一直懸而未決。

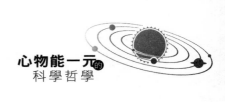

現在的生命科學的各個學門，都沒有辦法解釋及說明，眼耳鼻舌身意等六識，何以可以將這些微弱電磁波轉化為認知了別；其根本原因在於現代生命科學不知、不見整體真心，無法了知整體真心及其伴隨的生命粒子（因子）在六種認知過程中，所造作出的功能及貢獻。

整體真心在認知過程的每一階段，都做了整合、協調、照顧、關懷的工作，把原本只是一些波粒活動，作了解構、重組、整合成一種可以被感知、了別的新存在，而被眼耳等感官所了別認知；這重組、整合及再造，就是整體心性的功能發揮。

心靈系列在整體、粒子這二者之外還本然有的波動性，也在這個階段，發揮了極為重要的溝通、協調及幫助整體真心的整合作用；心靈系列也一如物質和能量系列一樣，都是由波動、粒子、整體三者共同存在，並發揮三者協同成就的功能成果。

值得一提的是，這種心靈的能量波動作用，某些具備了特有的大福德、動中定力及感知能力的人，可以用肉眼看見這些心靈能量波動的存在及其特性（眼見佛性）；這些能肉眼觀察識見的人們，將來也許會成為生命科學所能實驗證實，整體真心確實存在的具體事證。

上述段落，已經把整體真心由妙化而入於更為實質的禪化階段，作了一些說明。所謂禪化，是由有生無（上達），而下行則為無中生有；這個無，在禪化的無，已經不是真正的無了，只可以說是一種非常接近「有」的「無」；故而可以在「無」中生出「有」，生「有」是說生出更為具體，在二元相對與「絕對」間擺盪更加劇烈的「有」；這個「有」已經成為一般人所說的「物質有」。

五十、陰陽五行和地水火風空覺識與心物能一元有何關聯？

中國傳統文化常說的陰陽五行，和心物能一元之間可以互相融通，並無絲毫扞格；佛法所說的地水風火四大和五行金木水火土，都是在物質及能量交互流通上著力，和本文所言物質三態以及能量的流通運行，相互補益，協同共運，成就了物質世間的一切，是完全可以相通無礙的。所要注意的是下列諸點：

一、二元相對世間所有的物質，都有獨佔空間及內聚的萬有引力特性，所以就陰陽而言，物質屬於陰，但是如果物質聚集過多，又會產生陰極生陽的效應，而形成熱力奔放四散。

二、能量屬陽，若不能做到長久保持，則易於消散；陰陽互融交泰，方為長久之道。

三、心靈則是陰陽並存，時刻變換；適時運用，過猶不及，皆非良策。

四、以上所言，都是指二元相對世間的狀態，「絕對」超出陰陽，非陰非陽、無陰無陽，而又不離陰陽。

五、佛法《楞嚴經》中講到地水風火空覺識七大，七種構成宇宙的基本材料；七大中的第五大，「空」是由「絕對」的純靜轉化，以與純動所轉化的地水風火相互交融，以達到動靜合一的動勢之目標趨向。

六、七大中的第六大，「覺」是指本在「絕對」的本有、本際（如來藏）所展示的妙用功能德性，《楞嚴經》中稱之為妙真如性，又名覺精、覺大。如果從心物能一元的觀點，則與整體心、性的功能德用，有著很多相似之處，都是能夠在二元相對世間，把相關條件，例如有了物質能量及空間（虛空）結合在一起，就可以生起眼睛可以看見，耳朵可以聽見……身體可以有觸覺，意識可以有了知的功能；這一切都因為整體心、性（如來藏、妙真如性）有著整合萬有、照顧全體的功能德性，而使六識得以生起。這六識之能生起除了是整體心（第八識）的全面照顧作用之外，還有非常重要的第七識（因子）之點火作用，也就是由因子作為一切心識變現的起始點，讓前六識在二元相對世界得以顯現的引發者。

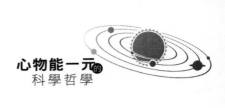

七、《楞嚴經》在講到覺大時，還特別說明可以肉眼觀見的佛性，在六識得以顯現其功能所作之溝通、融合、串聯的巨大作用，從心物能一元的觀點，則正是能量波動的作用顯現。

八、至於《楞嚴經》中所說的第七大－識大，識是指眼耳鼻舌身意共計六識，這六識都是依賴各種條件，例如明暗（能量）、色塵（物質）、虛空（空間）而後由如來藏妙真如性及覺精佛性，在第七識也有參與作用協同生起。如由心物能一元的觀點來說明《楞嚴經》中的說法，那就是要有二元相對世間的物質、能量、空間、時間的適當環境和條件，再由「絕對」的整體真心和整體真心相應的真能協同運作，然後產生了眼耳鼻舌身意等六識。

九、這個二元相對世間之所以顯現，最主要的動力來自於追尋動靜合一的動勢，這個動勢一旦成立便永不停止。動勢成立於無時間、空間的「絕對」和有時空物質能量的相對世界，二者的接縫處，也就是幻化階段。此一動勢一旦成立永不停止；永恆地創造動勢所追尋的動靜合一狀態，也就是永恆地在創造二元世間，永不停止。所謂的一念無明和無始無明，都是動勢的異名。

十、小乘阿羅漢修行的成果便是回歸涅槃，永不復出現於二元相對世間，是名解脫；也就是永遠脫離生死不休的六道輪迴，從此永不再受生。實際上，所謂的解脫，從心物能一元的立場看，則是可以當作是跳出追尋動靜合一的動勢，不再受動勢的影響，永不再在動靜合一的動勢所創造出的二元相對時空中受生。阿羅漢回到「絕對」（涅槃）入於沒有時空的本來狀態，這時已經沒有時間和空間的概念。阿羅漢是永不再出而步入動勢所創造的二元相對世間，或是在很短的時間就又落入動勢之中而又重新輪迴，是沒辦法去分辨的；因為要回歸涅槃的首要條件是要徹底無我，只要有一點點的對我的憶念就入不了涅槃。凡是未徹底去除假我、妄我的修行人，這一點對我的憶念，就使其修行境

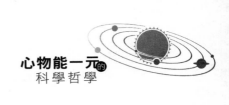

界步入歧途，進入無色界的境界裡而不自知。

大乘菩薩的修行方式，就和小乘阿羅漢完全不同，菩薩不畏生死，志願永在輪迴中普渡有緣眾生。因為菩薩接受佛陀的教導，知道畏懼生死、躲避生死，而實無生死可逃；小乘終極目標是解脫生死，返回涅槃，而實無涅槃可入，不是沒有涅槃或者說涅槃是假的；而是入涅槃者實無可入。

菩薩不入涅槃，不是否定涅槃，而是要親證涅槃（「絕對」），親證本來自性清淨涅槃，觀察涅槃（「絕對」）有如看手中的果實；要如是觀察涅槃實際，並且轉而依從涅槃本際，生生世世在其中運作，永遠不離二元相對世間。要如是修行，第一步也是最重要的一步，是要找到真心如來藏第八識，要能實證其所在，觀察其運行及在肉身內如何與肉身協同運作。菩薩修行到某一程度，是分分秒秒不離於本來面目，每一剎那皆生活在相對世間也同時生活在涅槃，如是方為不入涅槃而又不離涅槃，終至成佛永在無住處涅槃。

五十一、什麼是本書的綜合結論？

整體就是包含全體，無所不包、無所不容；既包括「絕對，又包含二元相對世間的全部，絕無任何遺漏；整體真心的內含，便是容涵萬有、無一漏失，也包含那不存在的存在「絕對」在內。前文已經說的很清楚，在尋求動靜合一的動勢、引發宇宙大爆炸之前，在時間還未創生的「絕對」，本無之前之後的說法；但為了說明大爆炸這一狀態，只好用上之前這個名詞。

在宇宙大爆炸之前，「絕對」的內涵已在前文敘說過，現再簡要說明；「絕對」是極動，又是極動無動，是純動又是純靜，也是非動非靜。有整體就有本覺，不覺而覺、覺而無覺；有覺就有創造，是不創而創、創而無創。

「絕對」只可以純靜或純動，不能動靜合一；本覺的創造，最先創造出尋求動靜合一的動勢。一旦動勢生起，宇宙就發生大爆炸，從沒有時空的「絕

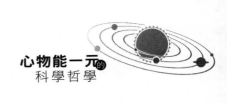

對」創造出有時間、有空間，有質有量的二元相對世界。

「絕對」透過動勢創生出二元相對世間，「絕對」自己仍是動而不動、生而不生，保持原狀，不生不滅、不增不減，不垢不淨、不有不無。由「絕對」創造的二元相對世界，則是有生有滅、有增有減、有垢有淨，都是在互有比較的相對狀態的存在；是在快速變遷、變動不休的虛妄存在。一切有情眾生都是依靠這瞬間萬變的假有存在，而模糊其真相，以為這可感知的一切存在，就是真實而可以長存的存在，因而輪迴生死，永不休止。

在宇宙創生的瞬間，「絕對」裡的最根本的三種型態，波動、粒子、整體也順勢而動，各自創生出自己的系列；波動發展生起能量系列，負責溝通、互補、均衡的種種作用；粒子發展創造出物質系列，負責在二元相對世界形成有形有相、有質有量，獨佔空間的物質系列。二大系列雖各自不同有其自有的形態，但二者是互通的，不只是在外型上的互相補足，根據愛因斯坦的質能互換原理，質量也就是能量，能量也就是物質，二者在本質上是一樣的；但在相對世界的外在形態及各自的特性不同，而形成物質和能量二大系列；也等於是在告訴世人，物與能都是從「絕對」的二種可以互換的基本型態所演化創造出來的，其本質是非一非異的。至於容納一切變化的空間，則是由純靜所演變，空間為純動提供了最佳舞台。

「絕對」內的三個原型，其中的二個，波動與粒子，分別自行發展創造出能量系列與物質系列，使具有實際形狀的物質（具有空間獨佔性質）逐步進化而日趨完備。這種日益增長不停息的發展創新；來自於創造二元世界的基本動力，是動勢的不斷地推動，日夜不停、永無休止的推動，創造了這一奇妙萬象。世人都從表面上去觀察，而以為這一切成就都是物質、能量所自行發展出來的。卻不知道，真正的原動者是整體真心；惟有真心所具有的整體關懷、全面照顧，在每一方面、每一角落、每一演進變化，作了協調、合作、整合的工作，再加上能量的全面溝通，而成就物質世界的一切。

整體真心要由「絕對」步入二元相對世間，就必須以心靈系列的面貌呈現於世間，也就是心靈（整體真心），心靈粒子（靈子、因子）及心靈能量（心電交流），一定要完整的顯現出來。心靈粒子的完整形態—因子，就隨著整體真心在二元相對世間的開展而立即顯現於世，不需任何理由，只為了因子就是整體心、性的粒子狀態，在整體心系列呈現於相對世間的同時，就隨同出現。

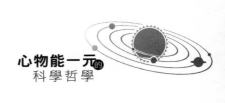

因子是整體真心的代言者，是默默運行，不顯形象的真心在二元相對世間的顯相者。因子代表著生命體的形相，可以自由出入三界，本來沒有我的概念，秉持著原本在「絕對」的原型。但因為在相對世界中，受到前五識及特別是第六識（意識）的影響而自以為有我。意識能夠反觀自我的存在，就把可以伴同整體真心，可在慾界、色界、無色界自由顯現的因子，作為意識自己的真我；而使因子逐漸認為自己就是真我，掌控指揮整體真心，令整體真心聽命行事；因子自身也就不得不在有我及無我中來回擺盪。

因子在二元相對世界中，不斷受到外界的聲光物能所幻化、妙現的種種色相及物能的刺激，影響到因子的執著心更為強固，而有了真實有我的主觀意識，因子本身也就由此演化成元神。元神因為對我的執著更為深厚，並且在虛妄的、時刻變化的二元相對世界裡，極力追求真我（常我）的存在，而影響到活動能力，元神只能在欲界中升降浮沉，已經沒有上升脫離慾界進入色界或無色界的能力。更等而下之，則元神因為對慾望的無止境追求而演化為靈魂，靈魂就只能在人間、鬼神、畜生、地獄及低層次的天界裡輪迴流轉，生死無盡。

在二元相對世間最初最早將要形成，其實是還未形成的那一瞬間，只能用幻化形容，虛虛實實、變幻未定；這時伴同整體心顯現的心靈粒子，是靈子而非因子，是整體真心的體所直接幻化生出的靈子。但二元相對世間再往下演化，整體心體的粒子—靈子就不夠用了；立即就由靈子演化為具有相同功能的因子出現，因子是整體真心體相用集合在一起，具有著整體心、整體性結合於一身的靈性粒子。靈子的作用隱而不顯，只在最後回歸涅槃時，洗盡鉛華的因子，也就是因子已經去除一切自我概念，了卻一切塵緣，回復到徹底純淨的本來狀態，這時因子已經卸下功能德性，還回本來的靈子狀態；再把靈子也化為烏有，才可以回入涅槃。

整體真心在二元相對世間，覆蓋一切世間、一切現象，無所不在，也無所不容，無所不包含。善的心念，惡的心念、清淨的、汙染的、好的、壞的，通通包含於其中；整體真心就像是電腦的雲端儲存庫。你鍵入，它就儲存，等你要用時，或者是機緣成熟時，它就顯現出來，給你使用。此所以意識明明不喜歡的事，卻偏偏會發生，就是因為雲端庫存的資料，只有這些你自己並不喜歡的東西；你不想生病，卻病痛不止；你不要破財，偏偏財運不來；因果報應的道理就是如此彰顯。

整體真心所具有的功能德性，無邊無際，難以用語言說明；人活在世間，每一分秒都靠整體心、性的潛在及顯現的運作，一旦運作停止，人的生命就會消失、死亡，或者成為殘缺之人。真心的明顯運作，便是眼耳鼻舌身五種識再加上綜合運用的意識，這六種識都是由真心於不生而生的方式，生出並運行，人一旦這六識有所損傷，就成為殘缺之人。

人除了這顯現在外的前六識，還有第七、第八識；這兩種識極為重要，但二者的運行方式是以較幽隱的方式運作；所謂的潛移默運，以一種一般人不太容易覺察的方式在發揮其功能。第七識較易說明，就是那時時作主的心意；第八識就不太好說明，不是說不清楚，而是不可以說的太清楚，一定要自己去悟；自己悟的，才有真正的價值與意義，若再經由過來人加以印證及解說，對實相般若的智慧，才會落實生根，成為修行成佛或有大成就的正因真種。如果自己還沒有什麼概念，聽別人說了，就會覺得這沒什麼神奇嘛；幹嘛要如此鄭重其事，當作了不得的大事，這樣一來也就毫無作用的走了一場過節，白白浪費了大好緣份。

因子是八識齊全的完整生命體，有些修行人喜歡快速成就，希望透過若干生的努力，就有極大的神通；顯示自己超凡入聖的過人成就，吸引世人也滿足自己的慾望。這些修行人有很多是從意識中的我起修，也就是以虛妄不實的假我，作為修行起始點。意識修行都不外於以我為修行的中心點，也就是落入元神的修練方式；可以修的很成功，也很熱鬧，徒眾極多。可是未能掌握到修行的真正要點；以意識為修行的中心，思想觀念多半會落入到六識論內，完全背離了佛陀所說的八識中觀。

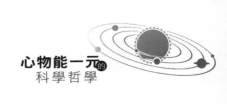

即使自以為是在八識的觀念下修行，也多有誤認及誤解第八識如來藏的情形出現。就其顯赫外在境界上的成就言，似乎是極為成功的，但是要負擔多大的因果，就很難說了；再加上意識修行的最高境界，也仍是在欲界裡打轉，表面上的速成，超凡成聖，實際上是得不償失。

近代物理學的相對論與量子力學，已經把宇宙實相的神秘面紗，揭開了大半，所欠缺的就只是誤認真心，錯把意識心當真心；又錯將意識心的來源認為是由物質進化而來。如果跳出這二個基本而又根深蒂固的妄念，虛妄思想；依照本書所言，相信整體真心的真實狀態，切實深信本覺之覺及動勢之必然生起；也就是徹底明白了宇宙人生的真實面貌。再以此為基礎，不求速成，全心一意地用意識心為工具，找到真心如來藏在肉體身軀內的處所，明白了佛門禪宗所說的「日用而不知」的真實道理；依之而精進修行，內心真實明白佛門所說的般若實相是什麼？禪宗開悟，悟的是什麼？並非難事。

只是參照本書所言修行的人應切記，自己不是由皈依三寶，經由佛教正規的修行體制而在心性方面有所進展，千萬不可妄自宣揚自己是禪宗開悟者，大妄語不是好玩的。

讀本書而心有所悟的，可以透過出版社或直接與本人聯絡。如果一時難以悟入，可以多看幾遍本書，日夜思考書中要旨，定會有所長進；前提是一定要認清意識心的虛妄性，意識我乃一妄覺，知此而又不廢此修行利器，勇猛前進，不虛度光陰也。第七識末那識也就是因子顯現於世的主體，也是修行可以運用的極佳工具，待本人對之有了更多的認知及悟解行證之後，也許會再寫一本小冊子，貢獻給有緣人。

相關延伸讀物

・大設計（*The Grand Design*）─史蒂芬・霍金著，大塊文化，二〇一一年，三月初版。
・平行宇宙─加來道雄著，暖暖書屋，二〇一五年，三月初版。
・宇宙從我心中生起─羅伯・蘭薩著，地平線文化，二〇一五年，七月初版。
・超腦零極限─狄帕克・喬布拉醫生&魯道夫・譚茲博士合著，橡實文化，二〇一三年，十二月初版。
・生命之源─尼克・連恩著，貓頭鷹書房，二〇一六年，十月初版。
・解開生命之謎─吉姆・艾爾&約翰喬伊・麥克法登合著，三采文化二〇〇八年，九月初版。

- 念力的秘密─琳恩．麥塔格特著，橡實文化，二〇〇八年，九月初版。
- 大腦的秘密檔案─Rita Carter 著，遠流出版，二〇一一年，四月初版。
- 誰設計了宇宙─大衛．威爾庫克，大陸鳳凰出版，二〇一二年，七月第一版。
- 誰是我？─洪裕宏著，時報文化，二〇一六年，十二月初版。
- 楞嚴經講記（第五冊）─平實導師著，正智出版社，二〇一〇年，七月出版。
- 起信論講記（第二輯）─平實居士著，正智出版社，二〇〇五年，三月出版三刷。
- 佛學與當代自然觀─李日章著，東大圖書，民八十七年，五月出版。
- 宇宙使用手冊─戴維．郭德堡&傑夫．布朗奇斯著，世茂出版二〇一三年，四月初版。
- 量子物理史話─曹天元著，八方出版，二〇一七年，三月初版。

附錄一

近代物理科學哲學的虛實境界

二〇一五年五月十六日講於北京大學　張立德

各位朋友，大家好，今天很高興是我第七次來到我們北大做相關一系列的講話。在這之前，我自己一面在探討、一面在學習。到了今天，我可以說我的思想已經相當完整，想藉這個機會，再呈現給大家一些比較全面的概念。

我對於我講的題目的內容會有所涉獵，或者說把它開展出來，這是有一個歷史淵源的。在很年輕的時候，我就對於哲學跟宗教這二方面都很有興趣，但是找不到合適的老師教我。特別是對於宗教。所謂宗教，我的意思就是講佛法。說到佛法，大家知道，佛教是博大精深的，很不容易找到可以指導的人，到廟裡面跟大師們談，也很難在短時間之內理解清楚。後來在我上大學的時代，有機緣認識一位王老師，他是一位高中國文老師。因為我們從學校畢業了，他就把我們叫回來，說現在我可以跟你們講講書本以外的東西。我們幾個同學跟這位王老師前後學了十幾年，王老師給我們所講的，是包括了我們中國傳統的文化主流，也就是儒家、道家裡面所談的真實意理。另外他對佛法也非常有認知、非常有研究，也把佛法的一些精要告訴我們。我們在那十多年間，可以說學習的非常有內涵，從老師那邊得到很多知識、很多瞭解。

到了老師的晚年，他跟我們幾個同學講，他說，在他看我們人類一直這樣發展進步，將來有一天，一定會走到一個時代，是近代科學跟哲學以及宗教，當然主要是佛法，還有道家、儒家的這種固有文化，結合在一起成為一個新的時代潮流。在那個時代裡面，會用科學方式來證明我們中國傳統文化的價值，也可以證明佛法的最根本的精要所在，讓大家很容易透過科學來認知到我們人

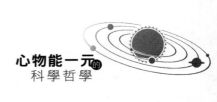

類思想的精華。他說這個工作現在還沒有人做，你們這幾個年輕人，跟我學習了十幾年，希望你們之中有人能夠發奮來做這件事情。

我聽了老師這樣講，我就想，我剛好是學化學工程的，也沾了一點科學的邊，所以就一面工作，一面再從頭去把物理——近代物理，自己自學自看。但是近代物理是一門很深奧、很複雜、很難學的功課，靠自修是修不出所以然來的，我也只是略懂一點皮毛而已。我的目的也不是要把近代物理學到多精通、知道多深奧，而是想從近代物理所蘊含的哲學意義裡，以及對於整個宇宙人生、所表露出來的這個真實的價值所在，再透過近代物理的觀點，來把它顯露出來。所以我現在跟各位講的，就是我在這方面的一點心得，而牽涉到的近代物理都是很簡單、很淺顯的部分，所以一點不難懂。

近代物理科學哲學的虛實境界

我今天要講的題目就是《近代物理科學哲學的虛實境界》。首先講近代物理學，這個大家都知道，近代物理學基本上包含了相對論、量子力學這兩大主要科門，還有一個就是近代宇宙學。但是這些學問，它所展現的科學層面，到底跟哲學有什麼關聯？這是我們要探究的。

什麼是近代物理學？

講到跟哲學有什麼關聯？我們也要講講什麼是哲學？但是這個題目留在下面再講。我先講一下什麼是古典物理學，古典物理學也就是牛頓力學，是牛頓那個時代所創立出來的，他發展了力學的基本概念，然後找到了所謂的萬有引力學說。他這套學問對於我們這個宏觀的現象世界非常有用，蓋房子、造車子，無論做什麼事情，都要靠牛頓力學，也就是古典力學，必須依照古典物理

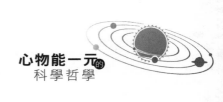

學才能夠把它做的完善。

但是到了二十世紀初，有一個近代物理學的發展。在二十世紀初期，開始發現到所有的存在，所謂「存在」就是講所有的現象裡面存在的東西，不管是一個茶杯、一個桌子，或者甚至是一粒沙，它們都是靠粒子化的存在，也就是靠原子的方式存在。除了原子這種粒子化的存在之外，它還是一種能量的聚集，而能量在物理學裡面的說法就是一種「動」的狀態，動的狀態就是能量。能量跟粒子這兩樣東西，也就是物質和能量，是物理學——包括近代物理學——研究的主體。

近代物理學跟古典物理學，也就是牛頓力學，都研究物質和能量，但是它們的差異在哪裡呢？差異就在，近代物理學所研究的，是把古典物理學沒有涉及的部分來作為研究。那部分是什麼？就是極微小的，比如說一個電子。以前牛頓時代根本就沒辦法研究電子，電子太小了，他沒有辦法用電子顯微鏡去觀察，也沒辦法去考量。除了極小，還研究極大，就是剛剛講的宇宙學。銀河系以及在這個大宇宙中間，有無量無邊的、數以萬億計的銀河系，這些在古典物理時代都沒有這種概念。

近代物理學所研究的對象是最微小的，電子、質子、光子。光是一種波動，但是光也有粒子性。這都是花了上百年的時間、經過幾代科學家努力才研究出來。光在早期被認為是一種波動、一種電磁波，後來才知道光也是一種粒子。到了相對論時代，光量子它展現為光電效應，這也就是愛因斯坦得諾貝爾獎的一個東西，因為那時候相對論還沒有被驗證，還沒有被完全體現。

當這些東西展現出來以後，就產生了一個現象，叫做「相對」。所以愛因斯坦命名他的學說為「相對論」。什麼是「相對論」？「相對論」就是說在現象界的這一切都是相對的，有高就有矮、有低就有高、有大就有小，這是相對比較的，有黑就有白，這是相對。什麼是「絕對」？「絕對」就是這些相對的比較統統不存在，沒有比較性，它就是一個狀態，這個狀態就是完全不可比較的。但是我們人是生活在比較的狀態裡面，你到了不可比較的狀態就無從想像了。所以亞里斯多德他就說，「絕對」是沒有辦法去研討的。「絕對」是什麼？「絕對」就是不可思議、難以想像，是我們的思考所不能到達的範圍，那個就是「絕對」。換句話說，「絕對」是不可以研究的。真正研究的，就是在相對世界裡面的一切。

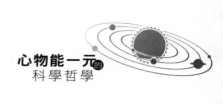

現在來簡單講一下哲學，主要是講西洋哲學，西洋哲學的鼻祖，從蘇格拉底、柏拉圖到亞里斯多德總集成。在亞里斯多德的概念裡面，他已經把「絕對」定義成為剛剛講過的。所以西洋哲學的研究對象是相對世界裡的一切，它最高的所謂「形而上學」，它研究什麼？研究「有」，最抽象的「有」。他說那個「無」，也就是我們老子所講的「無生有」的那個「無」，是難以去想像的，是超越相對世界的狀態，不是我形而上學，不是西洋哲學要研究的對象。西洋哲學要研究的最高境界，是那個「有」，是可以產生萬有的最抽象的「有」，近乎是「無」的那個「有」。換句話說，西洋哲學，他們是從相對世界開始研討，對相對世界之上的「絕對」，他說那個「絕對」乃是不可思議、不可認知，不是我研究的對象。所以這樣一來，西洋哲學就受到某種的限制。但是這個限制對不對呢？當然對，因為你不能去想像「絕對」是什麼。你能想像「絕對」是什麼嗎？你想像不出來，那你怎麼去研究？可是在東方的哲學裡，也就是在我們中國以及印度，所謂哲學當然就牽扯到宗教，就是佛法。佛所教導的佛法，以及我們老子所講的「無生有」，老子就是在講那個「無」，兩者都試圖對那個絕對狀態裡面如何變化、產生一切現象加以說明。

所以我們要知道，東方哲學跟西方哲學在基本上有這樣的一個差異，但是這個差異在現代已經漸漸模糊了，因為西方哲學也已經發現東方哲學的優點，是可以走入到「絕對」、走入到不可思議的境界，那麼他們也要往這個方向去走。所以這個差異，不是像以前那麼截然不一樣了，而是在融合。

我們現在來看光。光是相對論裡面講的一個最根本、最基本的東西。愛因斯坦在狹義相對論裡面，他發現時間、空間都可以改變。在過去，牛頓力學裡面講，時空是不變的、是絕對的，是絕對的時間跟絕對的空間，永遠不會改變的。但是到了相對論，愛因斯坦說，在光速狀態的時候，時間消逝，空間不存在，沒有空間也沒有時間，只有光存在。大家請想一想，光，當它存在於它本來的狀態裡面，是一個沒有時間、沒有空間的狀態。那個狀態是一個什麼樣的狀態？我們今天明明看見光，在我們這個有時空狀態裡到處能看到光，這個教室裡也充滿光，怎麼能說光存在於沒有時間和空間的狀態呢？這一個迷思，影響了將近百年人類的思想。

其實我們對光的認知要分兩個方向。第一，我們在相對世間認識的光，它是存在於相對世界裡面，顯示出光有紅的、黃的、藍的，它是在有「時、空」中。但是光它自己，它並不是存在於有「時、空」中的，光自己它是存在它自己的狀態裡面，這點很多人從來沒有想到。什麼叫「光存在在它自己的狀態裡面」？就是光存在於愛因斯坦所講的沒有「時、空」的狀態，沒有時間、沒有空間的狀態。光是存在在它自己住的狀態，叫做「光自住狀態」。我寫的一本書，裡面詳細描述了光的自住，光自己所存在的境界。

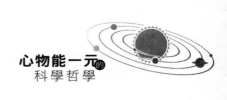

你知道光，它是存在於這個相對世界裡面，在我的書（書名：《當哲學遇上近代物理學》）裡面就講，光是存在於相對世界及光的自住狀態。光的自住狀態是什麼狀態？就是它存在於沒有時間、沒有空間的狀態。所以光的本質是什麼？光的本質是，經過研究以後發現，是粒子跟波動同時存在的狀態，叫做波粒同時存在。簡單的講，光是存在於「絕對」狀態裡面的相對顯現。它存在它那個絕對狀態，就是光的自住境界，但是它又存在於相對世界，存在於我們這個世界裡面，我們看的清清楚楚，光就是這個樣子。

當你把一個空間裡面的空氣抽的很空的時候，那不是完全真空，不是什麼都沒有。過去的科學家認為，你把一個東西，你用抽氣機把它抽到最後，近乎完全沒有的時候就是什麼都沒有了。不對，那個時候就會產生虛的光子對，虛的電子對，虛粒子對，瞬間產生、瞬間消逝。什麼叫零點能？就是當你把溫度下降，降到絕對溫度負兩百七十三度左右的時候，按物理學牛頓力學的概念，到了那個時候已經沒有能量了，所有的粒子振動都不存在了。可是在那個時候還有能量，叫做零點能。這個都是量子力學裡面的一些最基本的概念。波動跟粒子的二象性，這個我剛剛已經講了，光是一個粒子，同時也是一個波動，而且它同時存在。

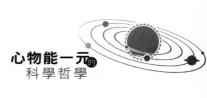

「光」這個樣子，大家還不覺得稀奇，後來發現電子也是這樣，電子也是波動和粒子同時存在。後來再發現，所有的物質，只要是存在於這個世間的物質，包括我們這個大地球，都是波動跟粒子同時存在。那你想一想，一個東西是波動的話，它就會散掉，一個東西是粒子的話，它就會維持狀態。那這兩個狀態怎麼可能同時存在呢？所以物理學家始終想不通，最後就用一種機率、機率來說明這個粒子存在的點，來形容波粒存在。實際上應該不是這樣。我的看法，那就是波動是顯示存在與不存在的狀況。越是大的、重的東西，它存在與不存在的時間越短；越是小的東西，它就存在與不存在，也就是波動性比較少。但是即使最小的一個電子，它的存在與不存在也是幾千百萬次，每一秒，超過我們人類想像。這個都可以用公式算的。物質波用什麼公式來算？就叫做物質波公式，波長等於這個是普朗克常數，除以質量跟速度，這樣一除，就是一個小小的電子，它都可以在每一秒幾千億萬次的振動。這個是公式可以算，甚至還可以算一個人，他存在與不存在的次數每一秒是多少次，一個地球，我們的地球，也可以算出來，都在物理書上，你們可以去查大學物理書，可以看的到。地球算出來，它的波動性，它的波長是多少？物質波，都可以算的，而且這個都可以被認知。但是大家不懂，所以就說這是一種存在的概率。其實這不是存在概率，是存在與不存在的變化。

測不準原理，就是一個東西小到最後的時候，你就沒辦法把它徹底測量清楚，就叫做測不準。為什麼測不準？就是當它在「絕對」、在沒有時空狀態演化到時空狀態的這個過渡期，這一瞬間，你沒有辦法完完全全確定它是怎麼演化的，這就是測不準原理。量子力學講的測不準原理的含義，是說你沒辦法同時測量兩個共軛的數字，就是動能和位置，你沒辦法同時測量清楚。

在我的看法，就是你從「絕對」、從那個完全的「無」變成現象界的

「有」，這個過程無疑是存在的，這產生的變化過程裡面，有一個過程是你永遠也不知道它是怎麼變的。所以難以了知、不可思議。亞里斯多德有沒有講錯？沒講錯。量子力學說那個地方是不能知道的，但是不能知道它也還是被知道了，所以我們才可以創造或者發展新的科學哲學，符合近代物理學的科學哲學。

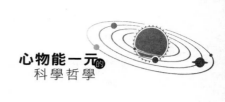

虛物質跟虛能量，大家知道暗物質和暗能量，其實還有虛物質。就是說剛剛已經提到，在那個極度真空的瞬間，就是含有物質及能量，就在那裡發展，但是它的存在時間非常短，是在普朗克時間以內，它存在又消失，存在的時間極短，但不等於什麼都沒有。而那個狀態，也就是我們所謂不可知的狀態、測不準的狀態。

同一性跟平等性，所有的萬物，在它最根本，這也是物理學講的，電子有無量千億萬個電子，但是每一個電子，你抓出來跟另外一個電子比較，是完全一樣的、是平等的、是同一的。你不能說這個電子跟那個電子不一樣。不一樣在哪裡？含電的這個運動狀態可以不一樣，但是電子的本身、本來狀態完全一樣，所以是同一性、平等性。在最原始、最根本的一切萬物萬象，都是同一而又平等不變的。

空間跟時間，剛剛講了，空間、時間在相對論來講，沒有空間、沒有時間。近代新宇宙論講，宇宙是從四個「無」中產生的，這是一九八三年美國的一位宇宙物理學家，叫做維蘭金，他發表的一篇論文。他說我們這個宇宙，過去以為是從那個奇點產生，但是其實不一定從奇點，而是從「無」中產生。而這個「無」是什麼？是沒有時間、沒有空間，還不夠，在那個「無」裡面沒有物質、沒有能量，什麼都沒有，但是它就產生了。它怎麼產生的，這個細微的過程就是測不準原理所包含的，讓你無從去完全瞭解的過程。

所以，四種「無」、大爆炸就是這樣產生的。這個就是尖端科學家所說的。這種理論在一開始的時候，很多科學家都嗤之以鼻，說你這個什麼叫做「無生有」，「無」不能生「有」。現在包括霍金先生，他在第二年也寫了類似的論文。

講到這些以後，我們再來講物理學所研究的對象。像維蘭金的論文是在一九八三年出來的，你只要在網上一查都可以出來，它是講宇宙是從四「無」中產生，沒有時間、沒有空間，這是相對論所允許的，並且是從沒有物質、沒有能量的狀態裡面產生出來的。那物理學所研究的物件是什麼？因為我講的很多是現代物理學家還沒有這樣講的，如果現代物理學家這樣講，我來這裡就等於上物理課，而我物理是很差的，相對論或者量子力學，我根本沒學到什麼，我只是懂一點皮毛，我沒資格講的。我講的完全是在講物理學家沒講到的部分。

能與能量它之間有差異，物與物質有差異，力與力量有差異。我們現在印象裡什麼叫能與能量？在那個最原始四種「無」的，無時間、無空間、無能量、無物質的狀態裡面，只有能，沒有能量，是一個無量狀態，到了現象界才有量。什麼叫現象界？現象界就是一種相對狀態，相對狀態就是有多有少。量就是什麼？量就是有多的量或少的量的比較，這叫相對。相對狀態才有量，在那個「絕對」狀態，它是沒有量的。所以我們常常有一句話，叫做功德無量，你的功德進入到絕對狀態，就不要去用量來考慮。我今天幫了人，送了人家十塊錢，給這個乞丐或者幫助弱小。我是不是有功德了？你有這個想法，你就進入有量狀態，就不對了。你要沒有這個想法，我幫助就是本來就幫助，連幫助的心都不存在，你就進入到無量狀態，是在本來狀態，是在能的狀態，沒有能量。在那個原始狀態「四無」的裡面，有「物」，那時候沒有物質，那個「物」是什麼？那個「物」只是粒子，是一種有限的存在。而電子和光子都不是純粹的粒子，它已經不是電子也不是光子，它只是一種有限的存在。所以在那個狀態裡面沒有質，有質就有量了，這就是「絕對」跟「相對」的差異。我們今天如果不能知道什麼叫「絕對」，不能理解「絕對」，我們就永遠在相對世界裡面摸索。

力與力量，我告訴你這第三點也非常重要，在那個「絕對」狀態裡面是沒有力的。力是什麼？力是能量，有了方向就變成力，力是一種向量，是有方向性的量。能量有了方向，就可以做功了，就變成為力量。所以在那個「絕對」狀態，連力都不存在，因為沒有方向。在「絕對」，在那個原始狀態是沒有力的，是沒有方向的，它本來就是那個狀態。怎麼去說東南西北？沒有，沒有空間哪裡來的方向？所以第三點力與力量是不存在於「絕對」現象裡面的。

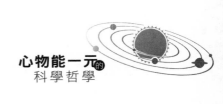

近代物理學的虛與實。我們常常講，我們現在研究的，叫做現象，是實際的狀態，叫做Reality，就是真實的狀態，我們把它翻譯成叫做「實象」。其實我們現在生活的這個狀態、這個現象，不是原來實象的含義。實象這句話是佛經裡面講的，佛經所謂的實象，是講那個我們不能認知的「絕對」才是實象，它才是真實存在的。現象，凡所有象皆是虛妄，是虛妄象。但是我們人類的認知，跟佛法，跟釋迦牟尼佛講的那些佛法，認知是不同的。我們人認為，我們現在在這裡有身體，是具體存在。我怎麼不是實在的？我要懂得吃和穿，我怎麼不實在？所以這個生活的狀態是實在的狀態、是實象，這就是我們人的想法。而那個絕對是不可認知、不可理解，我剛開始就講了，那個不可認知、不可理解的狀態當然是虛妄，看不見、摸不著。它怎麼是真實？

我們人的定義跟釋迦牟尼佛所做的定義是剛好相反。釋迦牟尼佛說，你現在的肉身，你現在懂得吃喝拉撒的這個身體，是一個虛妄的存在，隨時會變、隨時會消失、隨時會完全不一樣，所以是虛妄。而那個真實存在的那個「絕對」，那個永恆不變、平等同一的東西，是超越時間、空間的。請問，當超越了時間以後，在沒有時間的狀態裡面，你能說你比較長壽、比較老嗎？你能說你的壽命比較長嗎？沒有時間，哪裡來的壽命長短？就是「絕對」，沒有時間，所以是永恆存在。

這些概念跟我們現在的想法大不一樣，那我今天告訴各位，就是把不一樣的東西告訴大家，大家來這邊才覺得不虛此行。如果我講的都是一些平常的東西，那你們就在學校裡聽課就好了。所以存在跟不存在，我們認為存在的東西，其實是不存在。它不是不存在，是存在，是一種暫時性的、虛妄性的存在。而我們認為不存在的那個絕對性的東西，它才是永恆存在、真實不變，那個才是真實實相。實相無相，所以就有了叫做「不存在的存在」。

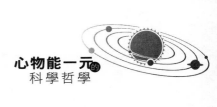

真實的東西，它是真實存在的，但是它不存在於我們眼耳鼻舌身意去觀察、可以認知的範圍內，它存在於一種超越的狀態，存在於「絕對」的狀態，存在於超越相對的狀態，是「不存在的存在」。我們把它當作不存在，其實它才是真正存在。而我們認為的存在，其實是一種假的存在。這就是釋迦牟尼佛所講的，「凡所有相皆是虛妄」。你看到的這一切、你認為是存在，都是虛妄的、都是假存在，也可以說是不存在，是一種波動性的存在，每一秒幾千百萬次的存在，而每一秒又在不存在，幾千百億萬次的不存在。

霍金的哲學概念，我跟各位講，霍金先生是一個了不起的大科學家，他有哲學概念。他不但有哲學概念，他還非常尊重哲學。我們表面上看起來，科學家也許對哲學會有一種排斥心理，不對，真正的大科學家，他們都有真正的哲學概念。他寫的《時間簡史》，我不多講，他裡面提到「虛時間」，就是「不存在的時間」是存在的，就是這一句話。他另外最近寫了一本《大設計》，是大概兩三年前出來的。《大設計》的第一句話，他說，哲學已經死亡。當我們看到這句話，很多學哲學或者對哲學有興趣的人，心裡就會有一種很不平的想法，你這個不懂哲學的科學家，怎麼敢說哲學已經死亡？其實我們進一步瞭解，霍金其實是恨鐵不成鋼，因為他在後面講了一句話，他說哲學已經死亡，是因為哲學跟不上近代物理學的步調。近代物理學已經進步到這個程度，你哲學什麼話都不講、都不知道，你哲學已經放棄了你的職責。那你不就死了嗎？

所以霍金是一個了不起的大科學家，是一個大科學哲學家。但是他的科學哲學是一個不完整的，這是我後面要講的。他不完整在哪裡，他不知道「心」。他認知的「心」是一個虛妄的、暫時性存在的心，他找不到「真心」。所以他的科學哲學是一個只有物質、能量，沒有心的哲學。他找不到心，他不知道什麼是真心。他以為眼耳鼻舌身意，最後這個意識能夠思考，就認為這就是「心」。其實這個不是真實根本的心，這個心是隨著我們肉體，隨著我們的靈性變化而顯現出來的。真正的心是什麼？那就是禪宗一直要追尋幾十年都不一定追尋得到的東西，一個禪師修行幾十年，都不一定修行得成功，要明心見性，要找到那個真心。在那個時代非常難找，說不出來，凡去思考都已經是離題的。所以禪宗的師父一聽你講什麼什麼的，啪一棒就打過去了，因為你去思考就已經脫離真心的範圍。

可是今天的量子力學，已經把找到真心的捷徑都告訴我們了，只是他們不知道那個就是我們該認知的真心。所以我們這個時代，以及我們後面的時代的人，其實是很有福氣，你只要懂，你就可以把禪宗大師幾十年所無法參悟的真心，透過理解，然後自己去修行，在相當時間就可以自己明心見性，或者說接近明心見性。我們不要講說是自己明心見性。因為明心見性是禪宗、是佛法的傳統。我們就像一個漸進線，越來越靠近那個真心的狀態。量子力學已經把那個真心的狀態描述的非常接近了，你只要百尺竿頭，已經走到那個頭上，你一步跨出去，有可能你就真正知道什麼是禪宗的真心。但是我們現在不談，我

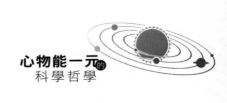

們只談我們現在科學所能知道的，明心見性那個是屬於宗教的超越境界，我們還是讓它在宗教裡面發展。但是科學已經走到這個程度了，科學哲學找不到真心，它的問題就在這裡，它不知道怎麼找。

第一句話，人有幾個心？我後面講了一個榮格，其實不是榮格，佛洛依德跟榮格他們共同在一個系統。一般的概念，人有六種不同功能的心，不是六個心，是六種功能不同的心。眼睛能看，你不能說眼睛不是心的一種表現，耳朵可以聽，也是一種心的作用功能，眼耳鼻舌身，身體的感觸，這五個心是五種心的功能表現，我後面加上一個「識」，就是一種認知作用。五種認知作用被意識整個綜合起來，我看到了、聽到了，然後我把它綜合，我就知道這個是外面的風聲、風聲是大是小、是把窗簾吹開，這就是意識的綜合作用。所以一般人，包括心理學家，都認為人有六種認知作用，而以意識作為中心主體。所以講到心，就講到意識心。但是榮格，在他那個時代，他就說不是只有這個。他發現在那個意識背後，還有一個更深的一層。那個叫什麼？那個叫ego，也就是自我，也就是一種「我」體，他認為那是一種「我」體。在「我」體之後，最後他又發現，只是有「我」體這個「我」是不夠的，還有一種更廣大的，他稱之為「宇宙心」，或者是「共同心」，或者是「全體心」，或者叫「非心心」（un-consciousness），它有很多名詞。也就是說，有一個遍於宇宙、共同人類共有的，牽涉人類及一切生命靈性所共有的那種共有心，也叫做「宇宙意識」。這是榮格，他在他的書裡都講過的。等於說，人其實是有八種心，八種不同的心識，而八種不同的心識的心，最根本的就是那個大宇宙心。因為大宇宙心才能融合一切透過那個我體的我心來發展、發揮作用。而我心是靠什麼發揮作用？靠前面的六個識，最重要的是意識，它綜合前面五個識，然後由意識來做綜合作用。

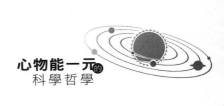

那個真心，那個我心存不存在？大家問，榮格這麼講也許有道理，可是存不存在呢？在哪裡？我為什麼不知道呢？近代科學家早在幾十年前就證明，當你做一個決定、當你在想做一件事情，你的腦袋裡面、你的意識說，我決定了，現在往右邊移兩步。你這個決定，二十分之一秒以前，就有一個電波已經打到你的那個腦運動神經部分，告訴你要走了，那個打出來的腦波，就是ego，我識的證明。那麼你也許說，這個也太牽強了吧。我現在請大家做一個最簡單的試驗，你今天坐在這裡，你說我要舉右手，你心裡不動，舉右手，你看你們哪一個人能夠舉起來？可是你今天說，我要舉右手，手就舉起來了。就是這個差異，這個差異在哪裡？那個就是你內在的一個內心，那一個自我，我體心。它發的命令在你要意識說「我要舉右手」的二十分之一秒以前，已經把你渾身的肌肉、相關的肌肉準備好了，舉右手，就舉起來了。你沒有這個作用，你說我要舉右手，你看你右手會不會動？絕對不會動。很奇怪，你們自己試試就知道。

但是這個我體心，這個第七識，這在佛法講叫第七識，也就是我識。這個我識又是依賴那個大宇宙心，那個根本的真心而存在的。沒有那個大根本真心，你這個我心是存在不起來的。那麼大宇宙心是怎麼來的呢？和物質、能量同等的真心，就是在物質跟能量同時存在的有一個真正的真心，那就是同時在最根本狀態，在「絕對」狀態就存在的，而不是在現象界才產生的。我們現在的科學都說，心是怎麼來的？心就是靠物質能量，我們肉體進化到一定程度就有心了，根本不對。心不能靠物質進化，心在最根本的時候就是存在的。那就是跟物質能量最原始狀態，也就是粒子、波動的整體，心就是那個整體宇宙心。它是一個永恆存在的東西。動態就是能，粒子就是物，整體就是心。有了粒子、有了動態，這是波動二象性已經講了，就有整體。但是在「絕對」的時候，粒子、整體、動態三者是合一的，因為你沒有時間又怎麼去分別那個是整體，這個是粒子？它是三者合一的。為什麼三者合一？因為你要有動的顯現，你就必須要有粒子，有了粒子就自然有整體。那麼什麼時候顯現出這三者狀態？到了相對世界、到了我們生存的世界，這三者就顯現了。

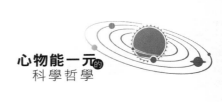

所以科學跟哲學的差異就是「科學不知道心」，正確的科學哲學是心靈、物質、能量三者都是在最原始、最根本的狀態裡面存在的。但是這個哲學不是

現在你們學的哲學，這是我創立的哲學，是這樣的說法。現在的各門各行的哲學，好像沒有這樣講。

我創立的哲學才說哲學是心靈、物質、能量，在那個最根本狀態，它就是一起存在的。因為是波動、粒子跟整體，在一瞬間就存在的。「一瞬間」這個形容詞對不對？不對，因為沒有時間，哪來的一瞬間？它就是存在的，就永恆存在的。但是這三者存在其實就是不存在，它是一種「不存在的存在」。

科學看到的現象就認為是實象，這就是我剛剛已經解釋過的，他們認為現象就是真實。哲學過去把它分為形而上、形而下。其實形而上，在過去的形而上，是從抽象的「有」裡去找真實的「有」。現在我講的形而上，是根本還沒有抽象「有」以前的那個狀態，那個狀態才是真正的形而上，是「無」，但是又不是完全沒有，是「無」中可以產生「有」的，無中可以生有的「無」。而那個「無」怎麼可以生「有」？

量子力學已經給你證明了，你在真空抽到了最後，它就產生虛光子了，這虛光子就自己出來了。你能說沒有嗎？而虛光子怎麼產生的這個過程，你永遠不可能知道，因為測不準原理，原理在那裡，你測不準。所以最後一句話，就是那個最根本、最實在、最根本的那個實像，它是沒有任何現象的，是無法用你的思考意識去認知的，那就要靠悟。可是悟在過去很難，現在量子力學、相對論以及我現在講的這些，你再去理解、再去悟，有一天你會覺得，並不像以前禪宗那個方法求悟那麼難，但是你現在明白了，你用一句話說你悟了。是不是等於禪宗的悟？我沒有這樣講，我只是說科學讓我們比較容易明白，我們千萬不要自我貼金說「我開悟了」，你這樣講，在佛經裡面有一句話是「大妄語」，你是大大的不敬。你悟了、你明白了、你清楚了，你的生命就有了著落，你就瞭解從無到有的整個的過程，有什麼不好？為什麼要說我開悟了，何必要用那個名詞？那個我們所理解的悟，是不是真跟禪宗開悟的悟一樣？也不見得是一樣。但是我們現在如果這樣走下去，我們生命會有所著落，我們會覺得原來生命的過程是這樣的，就好了，你的智慧就在成長了（講者注：明白了

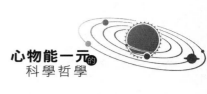

不等於禪宗的悟，禪宗的悟更為深刻、更為實在，將在下次探討）。

近代物理的境界，都是由實入虛，剛剛講的由實在走到現象的就是不確定原理，到了虛時間，沒有時空質能了。但是最後一句話，那個沒有時空質能的東西是那個「無」，是真正真實存在的。

你們不要以為近代物理學家，包括像霍金，他在打壓哲學，或者他在欺侮哲學，瞧不起哲學。不對，他在期盼、期望、希望哲學能夠為他提出他現在所不知道的、所沒辦法弄清楚的部分，所以他才說，哲學已經死了，因為你們跟不上近代物理學的腳步。但是假如你跟得上近代物理學的腳步，哲學死了沒有？對啊，不但沒有死，而且哲學開創了一個新的紀元，有了一個新的呈現，會幫助所有的大科學家以及其他人，包括所有學習哲學的人、所有的有心人，都有機會真正瞭解到生命與宇宙的實象。

心物能的演化過程是無量到有量，我剛剛已經講了，在原始的狀態是，只有「無」，沒有「量」。到後來，一旦有量，就變成為相對。真正的是動而不動，它在轉化。我們認為，好像說這個「絕對」在動，「絕對」沒有動與靜，怎麼可以說「絕對」在動。所以在古代那個亞里斯多德的時代，為什麼他說找不到「絕對」？他說要找第一原動不動者，大家一定聽說過這個話，他說找不到。沒有叫做第一原動，第一根本，那個不動的東西，因為他把那個東西假定成為不動。假如他說那個是動的，他就是變化的，變化就是現象界的。一定是一個永恆不變的東西，它能夠創造變動，所以他說要找那個第一原動不動者，找不到，沒有。因為找不到、沒有，所以所有西方哲學家最後就歸納出，只有上帝才是第一原動者。

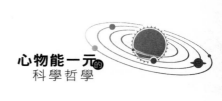

可是他們忘了一件事，叫做「動而不動，不動而動；變而不變，不變而變」。在沒有時間、空間的狀態裡面，有什麼叫「變」？沒有時間和空間就沒有所謂的「變」。沒有「變」是真的沒有「變」嗎？它又可以變，但是它「變而不變，不變而變」，這就是佛法在講到最高深處，大家不容易懂，認為佛經講來講去，講到後來，我們怎麼都聽不懂了。到底釋迦牟尼在講什麼？釋迦牟尼佛很困難，那時候沒有相對論，沒有量子力學，他要在那個時代的狀態來講「動而不動，不動而動；不變而變，變而不變」。「絕對」是無所謂動的，在沒有時間、空間裡面，哪裡來的動呢？但是你不能說它沒有動，它就是在那一瞬間波粒二象性產生，然後就有整體，波動、粒子、整體三象性就產生了。但是產生等於沒產生，因為「絕對」還是原狀。這些地方就是哲學最根源、最難懂，也是人要去思考的。然後你一旦思考清楚了，你就微微一笑，原來如此，就好了。要微微一笑，原來如此，就可以了。

真心的特性。當我們講到波動這樣的變化以後，真心是什麼？真心就是那個整體。整體其實跟粒子，和那個個別小粒子，在原始狀態是一體的。沒有空間，哪裡來的大整體小粒子。可是你不能說沒有這個狀態，但是你也不能說有這個狀態，因為它們又是合一的，是「動而不動，不動而動；變而不變，不變而變」的。你去讀佛經，特別是讀那個《般若經》，非常難懂的，你讀到後來你就發現，原來釋迦牟尼佛所講的，就是在講這些，但是最後他講了，那個真心就是整體關懷、全面照顧，也就是大慈悲心。我要照顧一切眾生，我要讓一切眾生都能跟我一樣，徹底地醒悟，不要再被種種現象所困擾、所迷失。

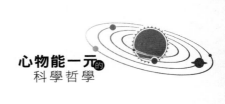

他的這一個大慈悲心一發展，他就跟宇宙合一了。當他跟宇宙合一以後，宇宙中一切生命都是他生命中的一分子。所以在其他宗教就講，所有的人都是上帝的子民，類似的含義，只是他們用另外一種說法，其實就是一個同體心、整體心。所以大悲心最後就是叫什麼？同體大悲。就是同體，根本大家所有一切生命，都是在那一個根本，那個本來狀態裡面的同體。那個狀態是什麼？沒有分別，但是又有無量的分別。什麼叫分別？就是粒子。有無量的粒子，又根本沒有粒子，因為沒有空間，你哪裡來的粒子跟非粒子？可是你說沒有，它就是在那種狀態裡面有。所以整體關懷、全面照顧，這個整體心它就容含萬有。宇宙與我合一，我與宇宙一體，這就是又回到我們中國儒家天人合一的最高準則了。

緣起性空。在那個最開始的時候，這三個東西，粒子、波動、整體，湊起來就顯現出一個新的狀態。但是這三個叫做緣，因緣合一，就顯現出一個新的狀態。但是那個狀態又是沒有狀態，不存在的存在，因為沒有時間、沒有空間。但是為什麼又能夠有三個存在，真空不空，那個最根本的空其實是不空的。量子力學告訴我們，抽真空抽到後來就出現了虛粒子、量子對，你怎麼說真空就是全空？真空不是全空，真空是可變的空、可生的空，而又生而不生、變而不變。你說虛量子對出來了，是不是在變？但是虛量子對真的有嗎？又沒有，可是「沒有又有，有又沒有」。經過那個測不準原理那個階段再上去，你就測得準了。

那你怎麼會從測不準的階段進入到測得準，你的思想一直在，那個時候你就是一種方向性的力量的指引，我要往這個方向走，它就越來越……你看，我剛剛那個公式有個「i」，「i」就是虛數，那個虛數乘平方就是負1，乘3方又是負i，再乘4方又是正1，有了正1，有了負1，就是現象界的真假、上下、高低、黑白，相對就出來了嘛。而為什麼會有正1、負1這樣一直往上乘？就是有一種力量在往那個方向去推，那個力量是什麼？怎麼去推？我的書裡都寫得清清楚楚、明明白白，我們時間有限，我不能多講。所以這個心物能一元的哲學是符合近代物理學的，也是人類思想的一個突破。人類如果對這一套思想有認知、有接納，你就是從迷失而回歸，也就是釋迦牟尼佛所講的，「一切眾生皆本具如來智慧德相，只為無明所障，不能證得」。大家明白了，你就可以有機會回到那個狀態了，你就可以證得，你就可以把釋迦牟尼佛所具備的無量智慧跟功德，在你的努力中展現出來。

釋迦牟尼就這樣講了，某某人你再過若干時間你就成佛了，某某某某人，你再經過多少時間努力，你就可以成佛了。但佛經裡就講，一切眾生是完全平等的。我們每一個人，只要能夠真正地明白，然後從這個明白的方向去不斷努力，你可以證得，你就可以成佛。而這個成佛不是那個即身成佛那麼簡單，是要經過相當長的時間，創造了無量功德以後。有一種說法，是即身就能成佛，那個可以說是比較功利性的想法了，我只能這樣講，太急切，太快了一點。

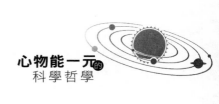

現今的科學哲學欠缺心，我剛剛講過，我現在就再把它提一下。現在的科學哲學，不知道真心所在，以為心就是意識，只知道前六識的心，不知道榮格所展現出來的 ego，第七識自我心，我識以及第八識。而第八識才是真正重要的宇宙心，宇宙萬物與我一體的真心；也是我們孔老夫子，儒家、道家統統在講的東西。所有的人類有價值的思想，其實是一體的，而這種一體的，今天在相對論跟量子力學，已經為我們開了一條讓我們覺得可以用科學而不是迷信的方式，來實際去求證的道路。科學哲學欠缺的就是這個心，欠缺這個心，科學哲學找不到真心，就在亂猜。

有些人就猜說什麼？有很多近代的二十世紀裡面成名的大哲學家，說人類心的根本是一種意向性。意向是什麼？就是一種方向性，就是我往某一個方向去走。他為什麼講這個話，就因為他感受到，人的心有一種可以引導，可以把「無」變生的力量、讓能量創建萬物。所以他說，我們想這個方向，這個方向就會實現，這就是心。你看這個心多厲害？其實這個心是什麼？是力量的心，是屬於第七識，真正的本來是第八識，是能的心，是沒有量的心，是沒有方向的，它才能包含萬物，好壞都在一體。然後你這個有方向的心才去抓，這個對我有利，好的我要，這個對我不利，我推走。心就是這樣的。

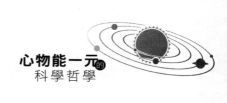

科學家他們不知道真心，所以心裡面很困惑，科學家講不周全，他們就說很簡單啊，根據心理學，意識心就是心，這個我幹嘛要去搞。我搞物理、我搞物質跟能量就好了，我幹嘛要去搞這個心，牽涉到迷信的這種東西，我不講。只有真正的大科學家，像霍金先生，他就講了，他說，你們哲學界怎麼不把近代物理已經顯示出的方向，那個「真心」真正地找出來呢？這是你們哲學界的責任跟義務，你們要去做啊。我們科學只能去研究物質跟能量，那個心你們要把它弄出來，才有一個完整的哲學。你不這樣走，哲學就已經死亡了，他就只好講這句話了。他講這句話不是在貶哲學，他是恨鐵不成鋼，他希望哲學具備了真正能夠引導科學哲學的力量跟地位。

今天的科學哲學就是這樣，新的科學哲學就是現在我跟各位報告的，心物能是一體的，根本真心就是整體心，那個整體心它就是在那裡，它本來就在那邊，永恆存在、超越時間。超越時間的還有壽命嗎？你說一萬年，一億年，一百億年，一千億年都有時間，我沒有時間，我是存在於沒有時間裡面，所以就有無量的壽命。所以你看，很多佛菩薩的法號叫無量壽，存在於那種狀態裡面，我的壽命是無量的。

新科學哲學的價值。我現在講的這些，如果漸漸普遍被大家認同，當然我講的也不一定百分之百的完整，或者百分之百的沒有欠缺。再經過大家共同努力跟補充，這就替人類整個思想開創了一個新的潮流，也讓科學家心裡面會踏實，他會繼續努力往下發展。所以講到這裡我們再講霍金，霍金講過一句話，他說這個世間如果人類的思想不能更加深邃，就是更加往深層進去，精細發展，深邃那個邃就是有點像隧道那個隧，就會變得更為複雜。什麼叫變得更為複雜？複雜就是在這個現象界裡面打混，你今天發明這個，明天發明那個，發來發去，到現在你看，已經變成為個性化。今天我可以到服裝店，要求他，你幫我電腦設計做這件衣服，只有我一個人有，我多付點錢。到手機店裡，我買這個手機上面加這個功能，這就是個性化。這是講小的，大的更不要談了，去發展高科技，發展去什麼時光隧道，就走向更複雜。可是複雜有沒有解決人生命的根本問題？越這樣走，你的生命越複雜、越迷失。

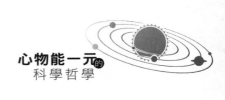

所以霍金他說，人的思想如果不能更為深邃，不能進入到根本，不能真正認知到那個根源，而從根源上去發展生命的意義跟價值，就會走向更為複雜。就是在現象界裡面，繼續歌舞昇平、紙醉金迷。紙醉金迷、歌舞昇平不是說不好，好像聽起來是一種不太好的話，其實意思就是說，你就只能在這個現象界裡面打混了，因為你找不到根本。你若找到了根本，你現象界的一切變化，都是從那個根本演化出來，你人就有了生命的主體意義跟價值。這也就是今天我一定要再三跟大家講的，我本來希望下次再講，但是可能這學期沒時間了。要講的就是新科學哲學的內容跟演化過程，演化是怎麼演變的細節。心物能一元的科學哲學跟宗教，這個宗教我今天講了一些，假如下次有機會我會講，比如說《心經》，「無眼耳鼻舌身意，無色聲香味觸法」，因為現在這學期沒時間了，下學期也還要再商定時間，所以我就把這個話講了。《心經》講「無眼耳鼻舌身意，無色聲香味觸法」，那是講什麼？就是在講根本。那個根本，那個「絕對」，有沒有眼耳鼻舌身意，有沒有色聲香味觸法？我剛剛講了，那個狀態就只是波動、粒子、整體而又合一，似合一又非合一，什麼都沒有。但是就在那兒什麼都沒有，你就能夠證得無量功德、智慧、應用萬千。你沒有去增加你的智慧，在那裡面沒有叫增加智慧的東西，可是你具備了無量智慧，現象界的一切都是你的智慧，已經顯現及尚未顯現的，都是你的大智慧所包容的。可是那個根本的部分，一點都沒有動，不變而變，變而不變，動而不動，不動而動。

好，今天就到這裡，謝謝。我留了些時間給大家發問。

Q&A

提問：我想諮詢一下您，因為咱們現在所說的科學，基本是那種純西方的，然後西方科學的源頭還是古希臘的那些科學家，而您說的這些就是儒家和佛道的思想都是東方的，在咱們看來基本說是技術的，甚至不能稱之為科學。

答：你講的科學是現象界的科學，我講的科學是超越現象界的科學，就是這點。你繼續。

提問：按西方來說，西方的那個科學和宗教的關係，可能會比東方聯繫更緊密一些。

答：我已經講，西方的科學到目前為止，還是略勝於東方，但是那是現象界的學問，我們現在講的是超越現象界的學問。你還沒有進入那種狀況，你的題目就不要再問我了。我們要節省時間。

提問：人有靈魂嗎？靈魂是什麼？如何用物理來解釋？

答：靈魂怎麼樣用物理來理解。我本來下一次就要講這個演化過程，那個演化過程裡面，就是在最原始的心靈粒子，那個整體心，它怎麼跟它的心靈粒子演化？不是說一下子就產生了靈魂，這裡面產生了靈子、因子、元神，元神就是道家修煉的，最後是靈魂。靈魂已經是第四層，已經是靈性物質化的最後一層，已經是經過無數變化了。下次有機會再談。但是我那本書已經寫的很清楚，你可以看的懂。

提問：您提到佛教及佛法，二者有何差異？修習佛法一定要信教嗎？

答：佛教跟佛法的差異，在於佛教是佛陀的教導，佛經裡講的很清楚，佛陀希望後人有機會繼續努力去學習，走上開悟、開展的路線，走上修煉提昇生命境界的路線，所以他創立一個教，你們大家依照我這個教導學習，這個是教。但是佛真正講的是法，法是什麼？就是這套原理、原則、方向，怎麼去走，不一定要信佛教才能修佛法，就是這句話。你沒有信佛教，你沒有去廟裡拜和尚，沒有去拜師父，你看懂佛經去進修，你也一樣是在修佛法。但是也不要太妄自尊大，說我可不相信這些和尚，和尚還是要尊敬，人家是為了修行而拋棄一切，所以我們要尊敬。但是並不是說修習佛法一定要信佛教，我沒有這個意思。

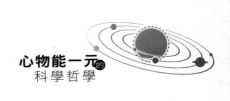

提問：濟公也是個和尚，他為什麼酒肉穿腸過，佛祖心中留。

答：到了濟公那個境界，你就可以這樣做，你沒到這個境界，不要提這個事，還是老老實實、規規矩矩地做人做事。

提問：佛法是哲學嗎？

答：佛法本來就是哲學，最高的哲學，是可以實証的哲學。

提問：慈悲和愛都是由整體心發出的嗎？

答：問的好。愛就是一個整體心，你的心跟別人的心有聯繫，你就會發出愛。如果你的心跟別人的心是對抗的，你會愛他嗎？我在上個禮拜參加上海黃埔慈善聯合會的一個節目，他們要我講，我就跟他們講，我們中國講仁，仁者愛人，仁是要從愛出發的。其實所謂愛，就是「己所不欲，勿施於人」，我不愛的、我不喜歡的東西，我不會去加諸於人。己所欲樂施於人，也不是說人家一定要接受，我願意貢獻給別人，這就是愛。這個愛是個開始，進一階層就是仁。仁者，二人也，就是人與人間的關係。仁者愛人，愛就是仁的具體的體現。愛是具體表現，仁是根本。而仁是什麼？我欲仁而仁斯至矣，就是當我的愛心、我的仁心，在我行為裡面體現出來，那個仁心就已經和整體相應，大家會互相感應，而愛就串聯起來，就自然形成了大愛，就這個意思。

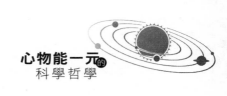

提問：您提到禪宗的開悟，我們要如何才能開悟？

答：你的問題非常精要，這是我下次要講的。這個就是要有一種意念促進它，悟就會實現。剛才不是講了「我欲仁，斯仁至矣」。我們如沒有意向，是不會有結果的，其實就是那個根本心在運作。但是怎麼運作，怎麼樣訓練呢？你要去慢慢地體會，這裡面很深奧、微妙，又在可說與不可說之間。什麼叫可說與不可說之間？就是我不可以隨便亂講，因為你隨便亂講，講錯了良心要負責的。可是我又知道可以講的一部分，我就想講給大家聽，給大家做個參考。為什麼說是可說與不可說之間？　你們知道不確定原理，簡單講，那個過程你認定是這樣，你另外一面就完全不知道了。不確定原理是說，當一個粒子，你知道它的位置，你就完全不知道它的動量了，當你知道它的動量，你就完全不知道它在哪裡。所以我說是可說與不可說，明白了嗎？但是你要弄清楚，這就叫悟，是要用功的。

提問：我有一個問題，就是說覺得不管人透過什麼途徑去接觸佛法、修佛法，都很難迴避一個問題，就是說生命是無限的，還是說就只這一輩子是這樣。從您的這個體系裡面，對這個問題是怎麼來詮釋的？

答：非常謝謝你的問題。你這個問題給了我一個機會，讓我再把剛剛沒有講清楚的說一下。從生命的根本，也就是從「絕對」狀態來看，生命是無限的，因為在那個狀態已經存在著一個整體心的話，這個整體心就存在於沒有時間的狀態裡面，沒有時間，它有限嗎？剛剛講過，在那個狀態裡面是沒有量的，沒有量就無限了，生命就無限長。生命在現狀裡面，你的肉體只能活八十、九十，活到一百就了不得了，過了，你這個肉體的生命現象就消失，可是那個根本心沒有變，它還是存在，還是照樣的在繼續。所以生命是在有限與無限之間擺蕩，是你自己去創造。你說我生命就只有這一生，過了就沒了，那你就沒了。因為你自己確定，你說沒了，那個不確定原理就確定了。沒了就是說你把你的位置確確定定擺在沒了，那個動量就不見了，不知道到哪去了。當你說，我認為我的生命是永恆的，那麼就是說你承認不確定原理，位置跟動量的變化，是隨時可以繼續再變化的，你就會繼續成長了，生命就繼續再演化了。以上的說法只是一種比喻，生命是永恆存在的，不會因為你這一生的想法而有所改變。但你一直堅持多生都是同一想法，那就可能像小乘入涅槃而永遠了卻此一生命，或者進入他種生命中輪迴。

提問：依佛陀說，人的生命是虛妄的。那人的生命又如何是真實而又長存的呢？

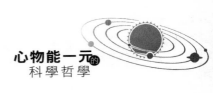

答：對，就肉體生命這個現象而言，就是一個真實，且又是一個虛妄的存在，因為它瞬息萬變。是虛妄而真實、真實而虛妄，存在而不存在，不存在而存在。

提問：那子女跟父母是什麼關係？

答：子女跟父母，那是一種業力關係，業力有好業力跟壞業力，就是緣分，在我們一般講就叫緣分。你的緣分，你跟你的子女絕對是有非常親密的緣分，但是緣分也有好有不好，所以有的孩子他讓你覺得非常高興，功課又好，人品又好、事業又好，有的孩子讓你覺得很舒服，有的孩子讓你很煩惱，不學好又去上夜店，喝的不醉不歸，然後又闖禍。所以父母跟子女之間的關係是緣分，這個緣分有好有壞，你怎麼樣用你的心態，把不好的緣分轉化為好緣分，這就是你的功力所在，也是你修行的要務。你轉化了，你就把一個原本讓你傷透腦筋的不好的孩子，變成你的心肝寶貝，讓他替你光宗耀祖。

提問：這個您只說不好的孩子，為什麼沒說不好的父母？

答：父母在這兒聽課，所以我說孩子。但是你身為父母你要怎麼樣去轉化孩子，就是要你自己承認你是不完美的。所以你要轉換你自己，你才能轉化孩子，我在上一段已講了很多，改變孩子要從父母自身改變做起。

提問：您是否認為東方哲學是完美的？

答：所以我才出了我這套東西，來補充東方哲學不足之處，我並沒有說東方哲學就完全是好啊。

提問：張老師您好，剛才您反複地說那個時間和空間，那我就想問您這樣一個基本的概念，您認為時間它是一個什麼東西？時間和空間有什麼不同？

答：在我書裡面都有。時間跟空間，時間是怎麼產生的，時間是光速的降階，在光速狀態就沒有時間，也沒有空間了。但是你光速一旦降階，就是你變成次光速，你就有空間產生了，有空間就有時間，它們是一種相互關聯的存在。那時間是一個什麼狀態？時間是一個什麼本質？這些東西其實都根源於一個念想，佛法講叫做「一念無明」，就是你心中的一個念想，你希望這個念想實現，就產生了時間空間狀態。每個人的時間空間都不一樣的，大家不要以為我們每個人的手裡時間都一樣，我們內心的時間、我們心靈的時間是不一樣的。但是我們又必須要有一個物質的共同時間，來維繫這個世間的運作。

提問：老師您好，您在裡面講了兩個概念，就是心物能還有時空，我以前在聽哲學課的時候，聽了這麼一種說法，就是說一切存在都是物質、能量、資訊、時間、空間五位一體的綜合，這種說法您怎麼看？

答：一樣，類似。時間、空間、物質、能量，這不是「四無」嗎？我不是加了一個心嗎？心就是資訊。但是資訊不能代表心的全部，差別就在這裡。所以我講，真心是什麼？真心就是那個整體，包含萬物，含容一切。資訊只是給你一個短短的一個指引，資訊是心靈的一小片。

提問：所以您說的那個心，它應該是個整體性的概念，是類似於一個場。

答：場，對了，場是物質現象的心靈狀態。心靈的真實狀態就是整體。

提問：老師，我想問一下，就是現在我們總是有這種感覺，我們現在生活中的某一個片段，在腦子中會有百分之幾秒會有一個閃現，然後就會感覺這個場景、這個片段曾經就像發生經歷過一樣，很多次都會這樣。

答：對。

提問：然後有時候生活的場景，就像我曾經經歷過，陌生又熟悉的感覺，我不知道這是為什麼，好多人都會有這種感覺。

答：好多人都會有類似這樣的感覺。

提問：對。不知道怎麼來解釋。

答：那是因為你的生命長河是永恆不斷的，你在過去曾經有這樣的一種狀態顯現，所以你今天在某一個狀態裡面，你覺得很熟悉，就好像曾經見到過。

提問：曾經發生過。

答：這就證明你的生命是永恆存在的。所以我們不要妄自菲薄，我們不要說因為我這生命就是這樣子，死了就拉倒，不是這樣的。你要珍惜你的生命、創造你的生命、成就你的生命，你的生命就有無限、無邊、無量的價值。

▲2015年5月，在北京大學演講

▲演講後的個別討論

▲演講後的個別討論

▲2015年5月，在北京大學演講

附錄二

共生共榮的根源在心物能一元

張立德

本文登載於全球共生論壇二〇一七年年刊，經主編　錢宏先生同意作為本書附錄

共生共榮是人類世間必然的走勢，雖然共生狀態的真正實現並不容易，還需要一段相當長遠時間作為醞釀和成熟的過程；但共生的大環境、大機遇卻是在逐漸萌發。相比於這二、三百年霸權思想大行其道的威勢之下，共生思想雖也已有了數十年的努力，但還仍在繈褓待哺的階段；賴有識有志之士的鼎力支

持，細心呵護，未來才有機會茁壯成長，成為人類主流思想。共生思想的推展在喚起人們的良知良心良能，這個方向是正確的，但還是不足以成就此一偉大理想。原因在於良知良心良能僅存在於意識層面，許多共生思想的推動者，也是在意識層面上覺醒和推動。

意識是個具有了知、分析、思考、研究、判斷及決行的建議者，真正的決行者不是意識，是人類內在自我（ego），也就是唯識學所說的第七識（我識）；這個第七識沒有太多的分析能力，只會依照過去的經驗及習慣作出決定；意識的分析判斷只是給第七識做為參考。要長時間的試錯和堅持不變，才能改變第七識的習性而使他做出不同於往昔習慣的決定；這是一段辛苦的過程，需要長時間不斷地注入新材料、新信息，堅持共生理念不變的信息時時注入，才可能讓第七識有所改變。

一般人的思想理念，可能已經有了新認知，接受了理想，認為共生理念是對的、正確的，但是在行為上卻不會立刻表現出來；很簡單，人的行為是受第七識我識的習慣性所控制。是第七識發出指令給人類心智最根本源頭—第八識，第八識遵照第七識的指令，作出相對應的措施，導致人類的行為表現和內在思想的真正內容趨向一至，也就是意識會順從第七識的決定。共生理念的倡導者和追隨者，如果都在意識層面的良知良能上用功，共生理念的推動還要經過一段長時間才會被大眾所認同及接受成為自己的理念，也是無可避免的後果。

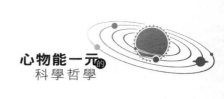

網路介紹日本無人駕駛小巴在鄉村小道上試驗行駛，無人駕駛小巴的行駛狀況非常良好。讓我們看看這個人工智慧（AI）的小巴士如何運作的；有一套完整的程式設計，控制這車的一切運作，這是可以確定的。車的四周有感知器，就如人的眼睛一樣，車有了視覺功能；車是否裝上能聽周遭聲音的變化狀況？如果有，那就是車有了耳朵及聽覺的存在；也許車也有嗅覺系統，聞到不正常的味道或毒氣，車會走避。車有電池電能存量的感知，可以預計還可以再走多遠，以及車對車內各項裝備的運行正常與否也一定瞭如指掌。也就是說，人工智能車，也和人一樣有眼、耳、口、鼻、身五種感官，再加上具有類似意識功能的程序控制軟件，把前五種感知信息，加在一起並作了綜合判斷發出指令，讓小巴像有人在駕駛一樣的如常運作。

如果我們說，人工智能小巴，如同一個人一樣，有著能掌控並適當運作各種信息的能力；大部分科學家及許多哲學家都是如此認為，生命就是物質、能量再加上信息（適當運用信息的能力），生命就是物質、能量、信息，三者所構成。事實上，工程師就是依照他們心中的生命樣式，眼耳鼻舌身再加上意識，這六種認知了別能力來設計這人工智能無人駕駛的車子；說得更白些，就是仿照活人的狀態，製作了這部無人駕駛車。

至於說工程師們，科學家們以及大部分哲學家們，他們真正掌握到了生命的真實狀態了嗎？那可難說。工程師把車子可以設計為六識職能車，這沒問題，車子可以如工程師的設計運作；但真實的生命確實是六識就能構成嗎？這就要好好研究一下了。

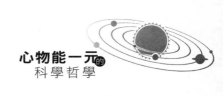

當AI小巴晚上入庫時，關上電門拔掉鑰匙，這時車子就像人在熟睡時；照理推測，工程師會設計保留少許電流讓車內電腦程式仍有極小一部份在運作，第二天電門一開，時鐘及相關數據，都會正確出現。生理學家對人的睡眠也瞭解得相當清楚，人之所以會疲倦想睡覺，是大腦內神經細胞經過一個白天的使用，都已經積存了胺基酸，神經突觸酸化了，就感到疲勞愛睏。睡眠的作用就是去除腦神經細胞中的酸化物質使之鹼化，於是人就清醒了。但是人的睡眠和汽車的停駛，有著很大的不同，這是不容忽視的。

人睡眠主要目的在讓腦休息，全身其他器官也獲得休整，但大部分的人體功能仍在持續運作，例如呼吸系統，心臟及血液循環，肝、腎、胃、腸都在工作，只是比醒著的時候稍微緩慢。睡眠時，眼耳鼻舌身意這六種認知能力都停止了，他們的感知能力及清醒時所具有的活動，都已暫時停止；那麼身體睡眠時是靠什麼在維持一切相關的運行？顯然人體的運行軟件，要比無人車的軟體更為複雜。人在睡眠時，仍有必要維持大部份的內在機能運作，只是暫停接收外在傳輸進來的訊息而已；人要在睡眠狀態仍然維持生命的連續性，就必須有比眼耳鼻舌身意更為深層的識別運作，也就是前文已提到的唯識學所說的第七識、第八識；這二個識在人睡眠時，前六識暫停運作時，第七、八識仍然在運作，以維持生機。

在心理學榮格那一派就把這些潛在的生命活動稱之為下意識、潛意識，只是他們的說法不夠清晰完整，不如唯識學那般深入確切及周到。唯識學是釋迦佛陀在二千多年前，以當時人們能夠略為聽懂方式講說，時至今日可以用近代物理方式加以演述，會比較貼切當前人類的認知狀態。

要運用近代物理來說明人體內外機能運作的真實而又正確的情況，必須要跳出二個誤區：第一是大部份科學家都認為靈性、心靈是由物質進化而成，這是一個極大誤解；但也不必深責科學家，因為他們的專長在物質和能量，對於心靈的認知本來就不足。第二是大家都不知道，什麼是真心？真正可以和物質、能量站在同一位階的真心，也就是要認知和物質、能量一樣古老的真心；這樣才不會說，心靈是由物質進化而來。時至今日真正重要的頭等大事是要找到真心；真心是什麼？與物質、能量同樣古老的真心是什麼？一定要弄清楚。

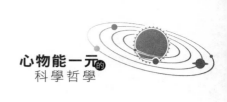

大約在138億年以前，宇宙大爆炸產生具有時間、空間、物質和能量的宇宙，在最初始的暴漲時段，物質能量還混沌未分，宇宙還在一片混亂中，這時希格斯場的出現，使基本粒子電子、質子獲得質量；也就是說在電子、質子正式成形之前，宇宙就有希格斯玻色子及希格斯場。我們知道波粒二象性注定有粒子就有波動同在，而這時場也出現了，並且還發生重大作用，讓正規的粒子

成為真正完整而又具體的粒子；因為希格斯場賦予了質子、電子以質量，使它們真正的成為正規的物質粒子。近代物理學說的最重要三元素，便是波動、粒子和場。希格斯假說雖未被完全證實，即使退一步說，希格斯假說不成立，場在宇宙最初期即存在是已經十分明確的；大統一力時，有大統一場，分化出萬有引力即有引力場，分化出電磁力即有電磁場；宇宙是由波動、粒子、場三元素構成，已無疑義。

波動和粒子我們比較容易弄明白，場是什麼？在哲學上有何意義？這是非常重要的論點，不可含混忽略。場不就是共生嗎？凡在我場本身所能影響的範圍內，我都要照顧和關懷，其程度是由中心點向外擴散，離中心越遠就越弱。場的中心是什麼？不就是粒子所在地嗎？微細的粒子其照顧能力有限，但大到像地球這樣的粒子所產生的場，其威力就十分驚人了。如果把場看成為心識，人的心場就是第八識，而人的肉體中所存在的靈性就是這個人心場的中心，也就是第七識（我識）所在之處。用合乎近代物理的術語來說，粒子就是人的身體及身內的靈性，也就是人的自我（ego）；而人的真心就是與人肉體俱在的場、整體場、整體心及整體心所自然散發的整體性——全面關懷、整體照顧。心不是後來進化出來的，在最早宇宙大爆炸的時期，真心就隨粒子而存在。

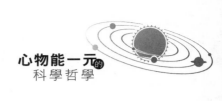

在宇宙大爆炸最早期，也就是大爆炸之後的百萬分又百萬分又百萬分，連續六個百萬分之一秒的極短暫時間，宇宙在物質層面已經有了粒子、波動、場，三種狀態齊全存在。如果我們把場的整體作用看成為物質的整體心，那麼在那個最早、極早時間，已經是心、物、能三者齊全，也就是粒子、波動、場三者齊全的狀態。我們也可以簡化的說心物能在那時就已齊全了，也就是在宇宙初生時心就存在，物質類型的心場就已存在。有了整體心場，整體心場的本性就會發生作用，不斷地發揮其全面關懷，整體照顧的本能，讓整體心場的中心粒子更為確定和更有組織；也就是粒子由混沌零亂中產生秩序，由最基本的電子、質子生出中子及原子，原子再結合為分子；分子的出現，純物質系列進化已初步完成；接著眾多的原子、分子再加以組織及秩序增長，就會形成最早期的物質及生命體，單細胞生物如細菌等；再接下來就是多細胞生物，其特徵是組織及秩序更為增長，這不就是整體心性共生起源的具體顯現嗎？

細菌已經具有新陳代謝及生殖能力，也就是具有最簡單、最單純的生命現象；為什麼細菌不能有較多及較高級的生命型態？那是因為細菌的心場太過微小，它的微弱的物質身軀，承載不起更多更高級的生命狀態。生命物質在整體心場的驅動之下逐漸成長發展到像我們人類所具有的肉身，高級生命現象才有出現的基礎。但別小看細菌，它也是八識俱全，也就是說細菌也具有前六識的潛在功能，只是功能微弱，作用不分明；更為重要的是細菌也具有第七、八識，只是在它那個細微身體中難以具體表現，只有像人類或一些靈性較高的動物例如貓、狗之類，才能看到整體心場的較多較大的展現。

從以上的論述與説明，我們已經理解到真心或本心——整體心場是在宇宙大爆炸之初就和物質、能量同時俱在；實際上，在大爆炸之前，在沒有時間、空間、質量、能量的絕對狀態，心物能就是三位一體，同存同在。我們明白了真心的本來面目，我們就可以逐漸瞭解到第七、第八識在我們的肉身及我們靈性中，所具有的功能與作用。第七識我識，比較容易瞭解，第八識就比較不容易説明。第八識的英文有翻譯為store consciousness，著重於説明第八識有存儲一切善惡好壞業識的作用。從善於存儲這一點，可以理解為類似電腦的雲端，有無限大的儲存能力，只需鍵入不作揀別。

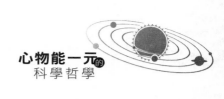

幾十年前電腦界流行一句話「垃圾進，垃圾出」提醒電腦使用者，要善用電腦有限的儲存能力。用垃圾進，垃圾出來形容第八識的存儲能力十分傳神，無論好壞善惡業力種子，第八識是不做揀選地全部收納；也因此之故，善惡因果報應才有理論基礎。第八識並不是只有存儲作用，第八識的功能作用極多，說宇宙萬物皆由第八識整體心性成就也不為過；希格斯心場、萬有引力心場、電磁心場、核力心場等等，不就是成就萬物的根源嗎？

從以上的論述，我們逐漸看清了一個總體輪廓，原來萬事萬象萬物都是由三個基本型態的綜合演化所構成。這三個基本型態就是粒子、波動和場，也就是物質、能量和整體場，也可以說就是心物能。三個基本型態永遠是聯繫在一起的，永遠不會分開，也不可能分開。只要有粒子（物）出現，就必定有波動（能）和場（心）的存在，絕不可能是只有其一或其二；三者是一存三在，一亡三無。

心物能三者存在的形態是有不同變化的，不是一成不變的呆板模式；三者可以互為主從關係，互有顯隱形態，就此發展出三種模式、三個系列。首先談談物質系列，物質最主要的特性是粒子性、空間獨佔性；人從生下來睜開眼睛所看到的一切都是物質，都是物質粒子的顯現；從哲學觀點看，早在幾千年前古希臘時代就有原子説，粒子是物質最主要也是最顯著的特性。物質較為隱晦的特性，波動性及場性是在這二、三百年物理科學漸漸發達之後，才被逐步認知；真正認知物質具有波動性及完整整體場性則是在量子力學發達之後的事。

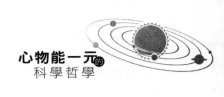

再來看一看能量系列，能量最主要的特性是波動性，這是有了人類就被認知出來，冷暖流動，寒暑變化都是一種動態（能量）的變化；對能量較為不顯要的特性，能量粒子性是在廿世紀才被確定，能量場則是這二、三百年隨著物理學的發展而逐漸弄明白。

至於説到心靈，心靈因為是一種無形無相的東西，人們直到現在仍然弄不清楚其真相；而只是在心靈的功用及顯現在外的認知能力，作出些猜測。有的説心靈是由物質進化出來的，有的説心靈是一種意象性，有的説心靈就是訊息或信息。上述的説法，都是對心靈的真實狀態沒有掌握住要點；心靈的主要特性是整體性，整體性包羅萬有，不具任何形相，也不能用任何東西來代表或形容；一旦落入形相，就住於相，而非萬有；故而禪宗有句話「說是一物即不中。」這整體真心雖非一切相，卻又不離萬有，不離一切相。

整體真心就是整體心場，場一定要有個場的中心主體，那就是場的粒子性；場永遠照顧到場內的一切存在，用波動（電磁波）用粒子（重力子）和場內的一切存在互通信息，照顧萬有而又不是具體的萬有。那個整體心場的中心體，就是第七識（我識）以一種具有集中性、具有主體性的方式存在。當這一個第七識（我識）存在於人的身體內，就以人的形式存在，指揮調度配合第八識依第七識指令運作。第八識整體心場的功能無量無邊，非我們普通人所能盡知；從受精卵開始，第八識就發揮其功能，依照DNA藍圖規則孕育生長嬰兒，並賦予嬰兒眼耳鼻舌身等五識去認知其所處的環境，而由意識作出更為精細的綜合判斷；由第七識發號施令讓第八識其他的內在功能，作出行為舉止。第六識意識只是一項認知工具，沒有能力指揮第八識，能夠牽動第八識的是我識，

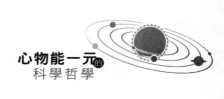

是整體心場的粒子；而一切作用之顯現，即是波動性的功能發揮。

很多年前有一次和朋友們聚會，談了很多話題；有位朋友突然說了這樣一句話：「如果你們只是心裡想或者大聲說我要舉手，我保證你們一定舉不起來。」每個人都試了一下，果然只用心想或只用口說，沒用，手舉不起來。手要舉起來，好像不必用心去想，手該舉時自然會舉起。當時大家一笑而散，沒人把此事放在心上。隔了一段時間，我看了書上講，大腦皮層主要是與眼耳意識等相關，身體運動及內臟活動，除了大腦之外，小腦和腦幹才是真正主管者，如果指令只下到大腦意識皮層，沒有下到小腦及腦幹，則人的運動狀態會不完整或根本不行動。

在研究行為心理的書上看到這樣一句話，「人到底有沒有自由意識，很難判定，因為研究發現，在每一行為由意識正式下達指令之前的二十分之一秒，已經有個電波已經先行到達主管行為的小腦部分。」這意味著我們以為我們對行為有主控力，實際上似乎行為並非由意識控制，但也離不開意識。

把上述的二件事合在一起看，就明白原來人的行為並非全由意識可以完全掌控，在意識之外，還有一個對行為有完全主控力的第七識（我識），沒有第七識的同意，意識沒有能力指揮行為；前文已經述說過，意識可以分析、判斷，並作出結論給第七識作決定，第七識的決定可以調動第八識配合運作完成行為；意識沒辦法單獨行事。

如果我們不能把我們的共生理念，由意識層面移轉至第七識，我們就不能調動第八識配合運作，也就是我們的理念難以深入人心。如果我們自己可以達到深入七、八識的程度，則可以感動人心，達到風行草偃，景行景從的地步。

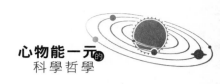

附錄三
心物能一元的科學哲學與哲學，科學，宗教，佛法對照表

心物能一元	佛　　法
二元是一元的延伸，二元由一元變化而成。對立及融合皆所難免，但最終會走向和諧共生。	二元相對世間是由一元絕對（如來藏）所生化。二元世間是瞬息變化，虛妄不實的暫存現象，不真實但必須面對並適當運用，保持中道。
本有的動態、粒子、整體，所構成的第一緣起，在絕對永恆長存；一切相對現象都由絕對第一緣起所創生、變化而成；絕對不離相對，然二者非一非異，永在中道。	絕對不可言說，凡有言說，已非絕對。絕對存在於相對的所有現象中，一切眾生都有自己的絕對（如來藏），也有本來就有的覺知心（本覺）；眼耳等前六識，只是本來覺知心的一小部分功能轉變而成。
絕對遍在於世間一切現象中，光（電磁波）就是最好的證明。	佛法在世間，不離世間覺；離世覓菩提，恰如求兔角。
八萬四千法門，科學證法也可是其中一門。立大願，堅心志，行無行，證非證。	明心見性，只是初功。 如來妙藏，住於身內， 不離萬有，遍在一切

	哲學	科學	宗教
二元相對世間	西洋哲學：心物二元論證精闢，應用廣泛。 東方：從心物一元出發，以仁愛、平等、共和為軸心。	承繼西洋哲學觀點，認為心由物生，對心的真相多有誤解。	各宗教都在相對世界的二元觀念中運作，不免有人我對立。
絕對	西洋：摒除絕對於其體系之外，不作討論；只有零星的觸發，不成系統。 東方：在模糊朦朧中對之發表零星、片面的看法，透露絕對之中別有洞天及奧妙，但難以具體說明。	遵照西洋哲學的軌跡而行，在摒除絕對的相對現像中，精益求精；近代物理已經突破哲學的限制，但因哲學跟不上而使科學的進展受限。	西方中古宗教理論家對絕對有所理解，但不明確；以自有、永有、本有作為依歸，並將之賦於為上帝的本質；絕對是一般人永遠不能理解和觸及的；只能永世作為上帝的奴僕。
絕對與相對	由於對絕對的概念模糊無知，對於絕對與相對有何關係也是一無所知。	近代物理已將絕對與相對描述的相當清楚，世人受哲學的限縮，而從未想過。量子力學的測不準原理、零點能、虛量子對，都在說絕對如何轉化為相對。	簡化絕對為上帝，用上帝創造宇宙而一筆帶過。
體證絕對	認為完全不可能，從來沒有想過。	沒有想過。	以為意識所轉化的神妙境界，就是至高無上的修證標的。

心物能一元的科學哲學 / 張立德 著
-- 初版. -- 臺北市：博客思出版事業網，2018.06
面； 公分 --（現代哲學；4）
ISBN ：978-986-96385-0-0 （平裝）

1. 宇宙論 2. 科學哲學
163 107006274

現代哲學 4

心物能一元的科學哲學

作　　者：張立德
編　　輯：塗語嫻
美　　編：塗語嫻
封面設計：陳勁宏
出 版 者：博客思出版事業網
發　　行：博客思出版事業網
地　　址：台北市中正區重慶南路 1 段 121 號 8 樓之 14
電　　話：(02)2331-1675 或 (02)2331-1691
傳　　真：(02)2382-6225
E—MAIL ：books5w@yahoo.com.tw 或 books5w@gmail.com
網路書店：http://bookstv.com.tw/
http://store.pchome.com.tw/yesbooks/
博客來網路書店、博客思網路書店
三民書局
總 經 銷：聯合發行股份有限公司
電　　話：(02) 2917-8022 傳 真：(02) 2915-7212
劃撥戶名：蘭臺出版社 帳號：18995335
香港代理：香港聯合零售有限公司
地　　址：香港新界大蒲汀麗路 36 號中華商務印刷大樓
C&C Building, 36,Ting, Lai, Road, Tai,Po, New,Territories
電　　話：(852)2150-2100 傳真：(852)2356-0735
經　　銷：廈門外圖集團有限公司
地　　址：廈門市湖里區悅華路 8 號 4 樓
電　　話：86-592-2230177 傳 真：86-592-5365089
出版日期：2018 年 6 月 初版
定　　價：新臺幣 320 元整（平裝）
ISBN：978-986-96385-0-0